もくじ

JN024997

本書に関する最新情報は、小社ホームページにある**本書の「サポート情報」**をご覧ください。（開設していない場合もございます。）
なお、この本の内容についての責任は小社にあり、内容に関するご質問は直接小社におよせください。

1 中3夏の大会・コンクールが終わり…

2

3 準備室

4

5

6

7

8

9 入試への道

社会 傾向と対策

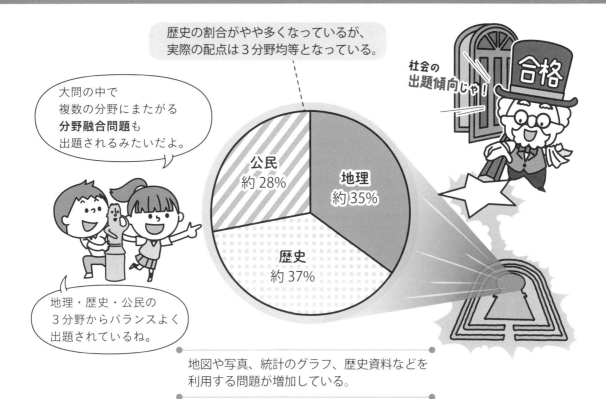

歴史の割合がやや多くなっているが、実際の配点は3分野均等となっている。

社会の出題傾向じゃ！

大問の中で複数の分野にまたがる**分野融合問題**も出題されるみたいだよ。

公民 約28%

地理 約35%

歴史 約37%

合格

地理・歴史・公民の3分野からバランスよく出題されているね。

地図や写真、統計のグラフ、歴史資料などを利用する問題が増加している。

試験への対策をまとめたので、確認するのじゃ！

⚑地理

- 身近な地域、都道府県、国の特徴などを**資料から読み解く問題**がよく出題されるので、教科書や資料集などできるだけ多くの資料にあたり、的確に読み取るトレーニングを積んでおこう。➡p.7, 8

⚑歴史

- **年表を使って、日本の歴史を総合的に問う問題**が主流だが(➡p.9, 12, 13)、文化史などテーマをしぼった問題も増えてきている。**写真・絵画・文献資料**など、さまざまな資料に目を通しておこう。

⚑公民

- 政治分野や経済分野からの出題が比較的多い。政治分野では、**国会・内閣・裁判所のしくみ**のほか**地方自治の分野**、経済分野では、**財政**と**社会保障**に関する分野をしっかりおさえておこう。➡p.15, 16
- **時事的な内容**にからめた問題もよく出題されるので、それらの問題が解けるよう、ニュースや新聞に目を通すなどして、世の中のことに目を向けておこう。➡p.17

⚑解答形式

- 文章記述の練習もしておこう。➡記述

1 🌏 世界と日本のすがた

1 右の地図1・2を見て、次の問いに答えなさい。

地図1

(1) 地図1中のXの大陸名を答えなさい。〔福島〕

[　　　　　　　　　　　　　　]

(2) 東京から見たサンフランシスコの方位として適当なものを、次から1つ選び、記号で答えなさい。

〔沖縄〕 [　　　　　　]

ア 東　**イ** 北東　**ウ** 西　**エ** 北西

(3) 地図2中のYは、三大洋の1つです。この海洋名を答えなさい。〔鹿児島〕

[　　　　　　　　　　]

(4) 地図2中のP～Rを、実際の距離が短いものから順に並べなさい。〔高知〕

[　　→　　　→　　　]

(5) 地図2中の4つの都市が2022年1月1日を迎えた順として正しいものを、次から1つ選び、記号で答えなさい。

〔沖縄〕 [　　　　　　]

ア ロンドン→東京→シドニー→サンフランシスコ

イ シドニー→サンフランシスコ→ロンドン→東京

ウ サンフランシスコ→シドニー→東京→ロンドン

エ シドニー→東京→ロンドン→サンフランシスコ

2 右の地図を見て、次の問いに答えなさい。〔佐賀-改〕

(1) 日本の南端に位置するAの島、韓国との問題を抱えるBの島の名前を答えなさい。

A[　　　　　　　] B[　　　　　　　]

 (2) Aの島について、政府が工事を行った理由について、[　　　]にあてはまる内容を、　　　　にあてはまる水域名を明らかにしながら答えなさい。

およそ40万km² の[　　　]という理由がある。

[

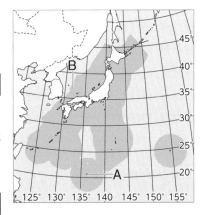

 メルカトル図法では、高緯度地域にいくほど緯線が実際より長く表される。

2 🌏 世界のさまざまな地域 ①

社会　数学　理科　英語　国語

1 右の地図を見て、次の問いに答えなさい。

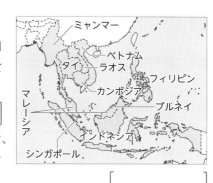

(1) 地図の□□□□で示した 10 か国（2024 年 4 月）が加盟している東南アジア諸国連合の略称をアルファベット 5 文字で答えなさい。〔茨城〕

[　　　　　　　　　　]

(2) 略地図中のタイの稲作などで行われる、同じ土地で、同じ作物を年に 2 回栽培することを何といいますか。〔山形〕

[　　　　　　　　　　]

2 右の地図を見て、次の問いに答えなさい。

(1) 地図に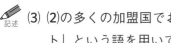で示したあたりに見られる、氷河によって削られた谷に海水が入り込んでできた地形を何といいますか。〔三重〕

[　　　　　　　　　　]

(2) X 国は、1993 年にヨーロッパの統合を進める目的で発足した機関から 2020 年に脱退しました。この機関を何といいますか。〔長崎〕

[　　　　　　　　　　]

記述 (3) (2)の多くの加盟国でおこった変化の 1 つを、「パスポート」という語を用いて簡単に答えなさい。〔和歌山〕

[　　　　　　　　　　　　　　　　　　　　　　　]

3 右の地図を見て、次の問いに答えなさい。

(1) 地図中の X は世界最長の河川です。この河川の名称を、次から 1 つ選びなさい。〔三重〕

[　　　　　]

ア ナイル川　　**イ** インダス川

ウ ライン川　　**エ** アマゾン川

記述 (2) アフリカ州に直線的な国境線が見られるのはなぜですか、「ヨーロッパ諸国」「境界線」という語句を使って、答えなさい。〔三重〕

[　　　　　　　　　　　　　　　　　　　　　　　]

(3) アフリカ州の多くの国々で見られる、特定の農産物や鉱産物の生産と輸出にたよる経済を何といいますか。〔熊本〕

[　　　　　　　　　　]

得点アップ　東南アジア諸国連合（ASEAN）、ヨーロッパ連合（EU）、アフリカ連合（AU）などの地域統合は覚えよう。

3 🌐 世界のさまざまな地域 ②

1 右の地図を見て、次の問いに答えなさい。

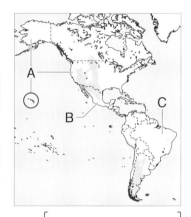

(1) 地図の ▨▨▨ は、ある気候帯の分布を示しています。この気候帯を、次から１つ選びなさい。〔福島－改〕

ア 乾燥帯（かんそうたい）　　**イ** 温帯

ウ 冷帯（亜寒帯）（あかんたい）　　**エ** 寒帯（かんたい）　　[　　　　]

(2) 地図中のＡ国には、北緯 37 度以南（ほくい）に ICT 産業や航空宇宙産業が発展している地域があります。この地域を何といいますか。〔長崎〕　　[　　　　]

(3) Ｂ国などからＡ国に移り住んだスペイン語を話す人々のことを何といいますか。カタカナ６字で答えなさい。〔福島〕

[　　　　]

記述 (4) 南アメリカ州の社会について、次の文の ▢▢▢ にあてはまる言葉を、「連れてこられた」という語句を用いて答えなさい。〔福島〕

[　　　　

南アメリカ州にはヨーロッパ州の人々が進出し、16 世紀からその植民地や鉱山で ▢▢▢ 州からの人々が増えた。

(5) Ｃ国で生産がさかんな、石油などの化石燃料に代わるエネルギーとして、サトウキビなどの農作物を原料とする燃料を何といいますか。〔長崎〕　　[　　　　]

(6) 次のa・bの文は、ＡとＣの国について述べたものです。正しいものには○を、誤っているものには×を答えなさい。〔石川〕　　a[　　　]　b[　　　]

a　Ａ国の自動車製造の中心地として発展したのはピッツバーグで、そこで用いられた大量生産方式がほかの工業分野にも普及（ふきゅう）した。

b　Ｃ国では、現在、農作物の輸出額のうちの最大のものはとうもろこしであり、アマゾン川の森林を伐採（ばっさい）したあとにつくられた畑などで栽培（さいばい）されている。

2 オーストラリアについて述べた次のＸ・Ｙの文の正誤の組み合わせとして正しいものを、あとから１つ選びなさい。〔長崎〕　　[　　　　]

Ｘ　かつてオーストラリアを植民地支配した国が、現在も最大の貿易相手国である。

Ｙ　国土の３分の２を草原や砂漠（さばく）などの乾燥した土地（し）が占めている。

　　ア Ｘ－正　Ｙ－正　　**イ** Ｘ－正　Ｙ－誤

　　ウ Ｘ－誤　Ｙ－正　　**エ** Ｘ－誤　Ｙ－誤

得点アップ　アメリカの工業は、北緯 37 度以南のサンベルトとサンフランシスコ郊外（こうがい）のシリコンバレーを覚えよう。

4 🌏 日本のさまざまな地域 ①

1 右の地図を見て、次の問いに答えなさい。

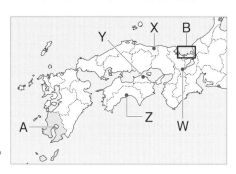

(1) 地図中の A 県には、火山の噴出物によってできた台地が分布しています。この台地を何といいますか。〔沖縄〕 [　　　　　　　　]

(2) 地図中の B には、複雑に入り組んだ海岸線が見られます。このような地形を何といいますか。〔高知―改〕 [　　　　　　　　]

(3) 九州地方の農業について、資料 I を作成しました。資料 I の**ア**〜**エ**は、佐賀県、熊本県、宮崎県、鹿児島県のいずれかです。鹿児島県の記号を答えなさい。〔岡山―改〕 [　　　　　　　　]

資料 I

県	農業産出額全国ランキング				耕地における田の割合 (%)
	総額	畜産	果物	野菜	
ア	27 位	26 位	12 位	24 位	83.1
イ	2 位	2 位	21 位	15 位	31.0
ウ	4 位	3 位	18 位	13 位	53.3
エ	5 位	5 位	7 位	4 位	61.3

(2021 年、「田の割合」は 2022 年)　(2024 年版「データでみる県勢」)

(4) 中部地方の太平洋側では、ビニールハウスを用いて野菜や花を栽培する農業がさかんです。このような農業を何といいますか、答えなさい。〔山口〕 [　　　　　　　　]

(5) 地図中 W の府県で見られる伝統的工芸品を、次から 1 つ選び、記号で答えなさい。〔富山〕 [　　　　　　　　]

ア 西陣織
にしじんおり
　イ 輪島塗
わじまぬり
　ウ 小千谷ちぢみ
おぢや
　エ 南部鉄器
なんぶてっき

(6) 資料 II の a〜c は、地図中の X〜Z で示されたいずれかの県におけるため池の数、資料 III の d〜f は、それぞれの県庁所在地における降水量の月別平均値を示しています。Y 県にあたるものの組み合わせを、あとから 1 つ選びなさい。〔兵庫〕 [　　　　　　　　]

資料 II

	ため池の数
兵庫県	22107
a	985
b	12269
c	393

(2022 年)　(農林水産省)

資料 III

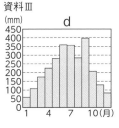
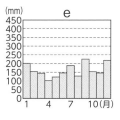

ア a・d　**イ** a・e　**ウ** a・f　**エ** b・d　**オ** b・e
カ b・f　**キ** c・d　**ク** c・e　**ケ** c・f

得点アップ　季節風の影響で、太平洋側の気候は夏に降水量が多く、日本海側の気候は冬に降水量が多い。

5 🌐 日本のさまざまな地域 ②

解答➡別冊 **p.3**

1 右の地図を見て、次の問いに答えなさい。

(1) 地図中の　A　にあてはまる山脈名を答えなさい。
〔愛媛〕　[　　　　　　山脈]

(2) 右下の資料Ⅰは、2022年におけるわが国の、米の
収穫量（しゅうかく）の多い都道府県を、上位4位まで表したも
のです。aにあてはまる県を、地図中のW〜Zから
1つ選び、その記号と県名を答えなさい。〔愛媛〕

記号 [　　　　　] 県名 [　　　　　　　　]

✏️記述 (3) 地図中の▨で示した海域は、暖流の[　　　　]ので、
多くの魚が集まる豊かな漁場となっています。「寒
流」「親潮」「黒潮」「潮目」の語句を使って、[　　]
にあてはまる内容を答え、文を完成させなさい。〔愛媛〕

[　　　　　　　　　　　　　　　　　　　　　]

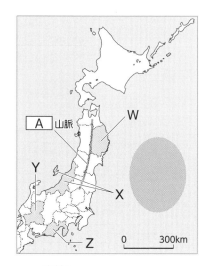

(4) 関東地方について、資料Ⅱは関東1都6県について、そ
れぞれの昼夜間人口比率（昼夜間人口比率＝昼間の人口÷
夜間の人口×100）を表したものです。資料ⅡのA〜Cに
あてはまる都県名を、次から1つずつ選びなさい。〔和歌山〕

A [　　　　] B [　　　　] C [　　　　]
ア 群馬県　**イ** 埼玉県　**ウ** 東京都

(5) 千葉県にある、貿易額が全国1位の国際空港を何とい
いますか、答えなさい。〔三重〕

[　　　　　　　　　　　　　]

資料Ⅰ

都道府県	収穫量（千t）
a 県	631
北海道	553
秋田県	457
山形県	365

（2022年）　（2023/24年版「日本国勢図会」）

資料Ⅱ

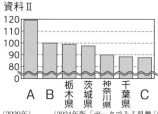

（2020年）　（2024年版「データでみる県勢」）

(6) 資料Ⅲの**ア**〜**ウ**は、中京工業地帯、京
浜（けいひん）工業地帯、阪神（はんしん）工業地帯のいずれか
です。中京工業地帯にあてはまるもの
を1つ選びなさい。〔岐阜〕

[　　　　　　　]

資料Ⅲ

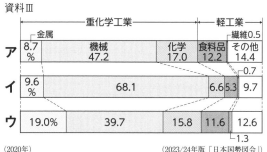

（2020年）　（2023/24年版「日本国勢図会」）

 得点アップ　日本最大の工業地帯である中京工業地帯は、輸送機械の生産がさかんである。

6 🛖 古代までの日本

1 **右の年表を見て、次の問いに答えなさい。**

年代	おもなできごと
弥生時代（やよい）	a 銅鐸が日本に伝わる
5世紀	大和政権（やまとせいけん）の王たちがたびたび中国に使いを送った　　　　　　　　―A
8世紀	b 大宝律令が定められる
	c 平城京（へいじょうきょう）に都が移される
9世紀	d 最澄らが新しい仏教の教えを開く
11世紀	［ e ］政治は、藤原道長（ふじわらのみちなが）・頼通（よりみち）のときに最も栄えた
13世紀	北条泰時（ほうじょうやすとき）が、武士独自の法である御成敗式目（ごせいばいしきもく）を制定した　　　　　　　　―B

(1) 年表中の a について、銅鐸（どうたく）が使用された目的として最も適当なものを、次から1つ選びなさい。〔三重〕　［　　　　　］

　ア　農作業の道具　　イ　祭りの道具
　ウ　煮炊（にた）きの道具　　エ　狩（か）りの道具

(2) 年表中の A のころ、朝鮮（ちょうせん）半島などから日本列島へ移住し、須恵器（すえき）や漢字などを伝えた人々を何といいますか。〔鹿児島〕
　　　　　　　　　　　　　　　　　　　　　　［　　　　　　　　］

(3) 年表中の b について、大宝律令（たいほう）が定められたころの日本のできごとについて述べたものとして最も適切なものを、次から1つ選びなさい。〔広島〕　［　　　　　］

　ア　葛飾北斎（かつしかほくさい）が浮世絵（うきよえ）の風景画を描（えが）いた。
　イ　遣唐使（けんとうし）が唐の制度や文化をもち帰った。
　ウ　宋（そう）で学んだ栄西（えいさい）らが禅宗（ぜんしゅう）を伝えた。
　エ　紫式部（むらさきしきぶ）が、『源氏物語（げんじものがたり）』を書いた。

✎記述 (4) 次の文は年表中 c のころに行われていた班田収授法（はんでんしゅうじゅのほう）について述べたものです。［　　　　］にあてはまる内容を、「戸籍（こせき）」「全ての人々」の語句を用いて、答えなさい。〔愛媛〕

［　　　　　　　　　　　　　　　　　　　　　　　　　　　　　　　　　　　　］

> 班田収授法では、［　　　　　］に口分田（くぶんでん）が与（あた）えられ、死後は国に返す決まりとなっていた。

(5) 年表中の d について、最澄（さいちょう）が開いた宗派として正しいものを、次から1つ選びなさい。〔山口〕　［　　　　　］

　ア　真言宗（しんごんしゅう）　　イ　浄土真宗（じょうどしんしゅう）　　ウ　時宗（じしゅう）　　エ　天台宗（てんだいしゅう）

(6) 年表中の e にあてはまる語句を答えなさい。〔鹿児島〕　［　　　　　　　　］

(7) A と B の間の時期におこった次のア～エのできごとを、年代の古い順にならべなさい。〔鹿児島〕　［　　　→　　　→　　　→　　　］

　ア　桓武天皇（かんむてんのう）が長岡京（ながおかきょう）、ついで平安京（へいあんきょう）へと都を移し、政治を立て直そうとした。
　イ　白河天皇（しらかわ）が位を譲（ゆず）り、上皇（じょうこう）となった後も政治を行う院政を始めた。
　ウ　聖徳太子（しょうとくたいし）が蘇我馬子（そがのうまこ）と協力し、中国などにならった新しい政治を行った。
　エ　関東地方で平将門（たいらのまさかど）、瀬戸内（せとうち）地方で藤原純友（ふじわらのすみとも）がそれぞれ反乱をおこした。

⬆得点アップ　聖徳太子は飛鳥（あすか）時代、桓武天皇は平安時代初期、白河天皇は平安時代末期の人物。

7 ⛩ 中世の日本

月　　　日

目標時間　**10**　分

時間　　　　　分

解答 ⤳ 別冊 **p.4**

1 次の問いに答えなさい。

(1) 鎌倉時代におこったことがらを、次の**ア～エ**から３つ選び、年代の古いものから順に並べなさい。〔千葉―改〕　　　　　[　　　　→　　　　→　　　　]

　ア 北条泰時は、武士の慣習に基づいて、御成敗式目（貞永式目）を定めた。

　イ 元の皇帝フビライ＝ハンは、日本にも服属を要求してきた。

　ウ 源 頼朝が、朝廷から征夷大将軍に任命された。

　エ 白河天皇は、天皇の位を譲ったあとも政治を動かす院政を行った。

(2) 後鳥羽上皇がおこした承久の乱について、次の①・②の問いに答えなさい。

　①次は、北条政子が承久の乱に際し、御家人に呼びかけたものです。□□□にあてはまる語句を答えなさい。〔群馬〕　　　　　[　　　　　　　]

> …頼朝公が朝廷の敵を倒し、幕府を開いてから、官位や土地など、その□□□は、山より高く、海より深い。この□□□にむくいる心が浅くてよいはずがない。（部分要約）

　②承久の乱後について説明した次の文の A・B にあてはまる語句の組み合わせとして適当なものを、あとから１つ選びなさい。〔群馬〕　　　　　[　　　　　　　]

> 幕府は、京都に　A　を置いて、朝廷を監視した。また、上皇側に味方した貴族や武士から取り上げた土地を　B　の武士に与え、幕府の支配を固めた。

　ア A－京都所司代　B－東国　　　**イ** A－六波羅探題　B－東国

　ウ A－京都所司代　B－西国　　　**エ** A－六波羅探題　B－西国

2 室町時代について、次の問いに答えなさい。〔静岡〕

(1) 15 世紀に栄えた琉球王国について、次の①・②の問いに答えなさい。

　①琉球王国の首都を、次から１つ選び、記号で答えなさい。　　　　　[　　　　　　　]

　ア 十三湊　　**イ** 漢城(ソウル)　　**ウ** 首里　　**エ** 大都

　②資料Ⅰと図Ⅰから読み取れる、琉球王国が中継貿易で果たした役割を簡単に答えなさい。

資料Ⅰ

> 琉球王国へは、…船で各国へ渡って万国の架け橋となり、異国の産物が国中に満ちている。
> （「万国津梁の鐘」

図Ⅰ

琉球王国

[　　　　　　　　　　　　　　]

(2) 応仁の乱後に戦乱が全国に広がり、戦国大名が各地に登場しました。戦国大名が、領国を支配するためにつくった決まりを何といいますか。　　　　　[　　　　　　　]

得点アップ　応仁の乱後は、実力あるものが、身分が上の者にとってかわる下剋上の風潮が広まった。

8 ⛩ **近世の日本**

社会

数学

理科

英語

国語

✏️記述 **1** 右の資料は、織田信長によって安土城下で出された法令です。織田信長が資料の法令を出した目的を、簡潔に答えなさい。〔群馬〕

[　　　　　　　　　　　　　　　　　　　]

資料

― この安土の町は楽市としたのでいろいろな座は廃止し、さまざまな税や労役は免除する。（部分要約）

2 右のカードを見て、次の問いに答えなさい。

✏️記述 (1) 下線部 a について、江戸幕府は参勤交代の制度をつくりました。この制度は、大名にどのようなことを義務付けた制度か、「往復」という語句を用いて答えなさい。〔山形〕

[　　　　　　　　　　　　　　　　　　　]

カード

徳川家康が a 江戸に幕府を開いた。この時代を b 江戸時代という。江戸幕府は、c 長崎に外国との交流の窓口を開き、交易を行った。

(2) 下線部 b について、次の①・②の問いに答えなさい。

①江戸時代に、年貢米や特産品を販売するために大阪に置かれたものを、次から１つ選びなさい。〔栃木〕　[　　　　]

ア　土倉　　イ　問注所　　ウ　正倉院　　エ　蔵屋敷

②次の文は、江戸時代の改革について述べたものです。文章中の X・Y にあてはまるものの組み合わせを、あとから１つ選びなさい。〔千葉〕　[　　　　]

1841 年、老中　X　は、社会の安定と幕府の強化を目指して、天保の改革を始めた。その中で、　X　は、物価の上昇を抑えるために、営業を独占していた　Y　を命じた。

ア　X―水野忠邦　Y―株仲間の解散　　イ　X―松平定信　Y―株仲間の解散

ウ　X―水野忠邦　Y―座の廃止　　　　エ　X―松平定信　Y―座の廃止

(3) 下線部 c について、次の①・②の問いに答えなさい。

①資料は、江戸幕府に鎖国下の窓口の一部とその相手国を示したものです。X・Y にあてはまる語句の組み合わせを、次から１つ選びなさい。〔三重〕　[　　　　]

ア　X―琉球王国　Y―松前藩

イ　X―ロシア　　Y―松前藩

ウ　X―琉球王国　Y―対馬藩

エ　X―ロシア　　Y―対馬藩

資料

鎖国下の窓口	相手国
長崎	中国・オランダ
薩摩藩	X
Y	朝鮮

②江戸幕府の成立後、日本と国交が回復し、将軍がかわるごとに日本に使節を派遣した国はどこですか、次から１つ選びなさい。〔三重〕　[　　　　]

ア　中国(清)　　イ　朝鮮　　ウ　琉球王国　　エ　ロシア

↑ 得点アップ　江戸時代の三大改革、享保の改革、寛政の改革、天保の改革は人物と政策を合わせて覚えよう。

9 🏯 開国と近代日本の歩み

解答 ⊕ 別冊 p.5

1 右の年表を見て、次の問いに答えなさい。

年代	おもなできごと
1858	日米修好通商条約が結ばれる
	↕A
1868	戊辰戦争が始まる
1872	a　が発布される
1877	b 西南戦争がおこる
1889	大日本帝国憲法が発布される
1894	c 日清戦争がおこる
1906	d 南満州鉄道株式会社が設立される

(1) 次の**ア〜ウ**は、年表中の A の時期のできご
とです。年代の古い順に並べなさい。〔新潟〕

[　　　→　　　　→　　　]

ア 大政奉還が行われる
イ 四国連合艦隊が下関を砲撃する
ウ 薩長同盟が成立する

(2) 年表中の a について、これにより、各地に学
校が設立されました。a にあてはまる法令を答えなさい。〔新潟〕

[　　　　　]

(3) 右は、下線部 b のできごとの
【背景・原因】、【結果・影響】を
まとめたものです。表中の X・

【背景・原因】	【できごと】	【結果・影響】
X	→ 西南戦争がおこる。 →	Y

Y にあてはまる文として、最も適当なものを、次から 1 つずつ選びなさい。〔新潟〕

X[　　　　] Y[　　　　]

ア 自由民権運動が全国に広まった。
イ 政府の改革により士族の特権が奪われた。
ウ 版籍奉還や地租改正などの政策が行われた。
エ 日比谷焼き打ち事件などの暴動がおこった。
オ 尊王攘夷運動がさかんになった。

(4) 年表中の c について、日清戦争について述べた次の文の[　　]にあてはまる語句を答
えなさい。〔愛媛－改〕

[　　　　　]

> 朝鮮で、政治改革や外国勢力の排除を目指して、農民が、[　　]と呼ばれる反乱をおこし
> た。朝鮮の政府が、その反乱の鎮圧のため、清に出兵を求めると、これに対抗した日本も、
> 朝鮮に出兵したため、日本と清の対立は深まった。

(5) 年表中の d について、次の文の P・Q にあてはまる語句の組み合わせを、あとから 1
つ選びなさい。〔岡山－改〕

[　　　　　]

> 南満州鉄道株式会社は、日露戦争の講和会議で結ばれた[　P　]条約により得た権利をもと
> に設立された。このころ、金融・鉱業などに進出した三井や三菱・住友などは[　Q　]と呼
> ばれた。

ア P－下関　Q－財閥　　**イ** P－ポーツマス　Q－財閥
ウ P－下関　Q－藩閥　　**エ** P－ポーツマス　Q－藩閥

得点アップ　自由民権運動の流れ、日清戦争と日露戦争の原因と結果、講和条約などをおさえておこう。

10 ⛩ 2度の世界大戦と現代

1 右の年表を見て、次の問いに答えなさい。

年代	おもなできごと
1914	a第一次世界大戦が始まる
1919	bパリで講和会議が開かれる
	↕P
1939	c第二次世界大戦が始まる
1945	dポツダム宣言を受諾し、降伏する
1956	「もはや戦後ではない」と政府の報告書に記される
	↕Q
1973	石油危機がおこる

(1) 下線部aの戦争中に、軍備縮小、民族自決、国際平和機構の設立などの「十四か条の平和原則」を提唱したアメリカ大統領を答えなさい。〔長崎〕

[　　　　　　　　　　]

(2) 下線部bについて、次の文は、パリ講和会議で結ばれた条約の内容の一部です。この条約を何といいますか。〔三重〕

[　　　　　　　　　　]

> ・ドイツにすべての植民地を放棄させる。
> ・国際連盟を設立する。

(3) Pの期間のできごとについて述べた次のア～ウを年代の古い順に並べなさい。〔長崎〕

ア　日本で関東大震災がおこった。　　[　　　→　　　→　　　]

イ　アメリカでニューディールという政策が始まった。

ウ　中国で五・四運動がおこった。

(4) 下線部cは、東方での侵略を進めていたドイツが「ある国」に侵攻したことから始まりました。ドイツが侵攻した国を、次から1つ選びなさい。〔長崎〕　[　　　　　]

ア　スペイン　　イ　スイス　　ウ　オランダ　　エ　ポーランド

✎記述 (5) 下線部dについて、次の文はGHQの指令にしたがって進められた日本の民主化について述べたものです。文中の[　　]にあてはまる文を、「治安維持法」「政治活動」の語句を使って、簡単に答えなさい。〔愛媛〕

[　　　　　　　　　　　　　　　　　　　　　　　　　　　　　]

> 政治の面において、[　　　　]。女性の参政権が認められ、20歳以上の男女が選挙権を得た。

(6) Qの期間におけるわが国のできごとについて述べた次のA・Bの文の正誤の組み合わせとして、正しいものを、あとから1つ選びなさい。〔長崎〕　[　　　　　]

A　インターネットが広く一般に普及した。

B　池田勇人内閣が所得倍増をスローガンに掲げた。

ア　A－正　B－正　　イ　A－正　B－誤

ウ　A－誤　B－正　　エ　A－誤　B－誤

得点アップ　第一次世界大戦の講和条約はベルサイユ条約、第二次世界大戦の講和条約はサンフランシスコ平和条約。

社会　数学　理科　英語　国語

11 🏛 現代社会と日本国憲法

目標時間 **10** 分

時間　　　分

解答 ⊕ 別冊 **p.6**

1 次の文の X・Y にあてはまる語の組み合わせを、あとから 1 つ選びなさい。〔群馬〕 [　　　]

現在、[　X　]と略称される情報通信技術が急速に発達している。私たちは、情報を正しく活用する力である[　Y　]を身につけることが大切である。

ア X−SNS　Y−情報リテラシー　　**イ** X−SNS　Y−人工知能

ウ X−ICT　Y−情報リテラシー　　**エ** X−ICT　Y−人工知能

2 右の Ⅰ・Ⅱ の資料を見て、次の問いに答えなさい。

(1) 下線部 a について、『社会契約論』を著して人民主権を尊重したフランスの思想家を、次から 1 つ選びなさい。〔福島〕 [　　　]

　ア ロック　　**イ** マルクス

　ウ リンカン　　**エ** ルソー

(2) 下線部 b について、次の X〜Z は日本国憲法の条文の一部です。X〜Z の中で自由権について述べたものの組み合わせとして最も適当なものを、あとから 1 つ選びなさい。〔福島〕 [　　　]

X	第 21 条①	集会、結社及び言論、出版その他一切の表現の自由は、これを保障する。
Y	第 25 条①	すべて国民は、健康で文化的な最低限度の生活を営む権利を有する。
Z	第 29 条①	財産権は、これを侵してはならない。

ア X のみ　**イ** Y のみ　**ウ** Z のみ　**エ** X と Y

オ X と Z　**カ** Y と Z　**キ** X と Y と Z

(3) A にあてはまる語句を書きなさい。〔福島〕 [　　　]

(4) 下線部 c について、次の日本国憲法の条文について、P・Q にあてはまる語句の組み合わせとして最も適当なものを、あとから 1 つ選びなさい。〔新潟〕 [　　　]

この憲法の改正は、各議院の総議員の[　P　]の賛成で、国会が、これを発議し、国民に提案して、その承認を経なければならない。この承認には、特別の国民投票又は国会の定める選挙の際行(おこな)(わ)れる投票において、その[　Q　]の賛成を必要とする。

ア P−3 分の 2 以上　Q−3 分の 2 以上　　**イ** P−3 分の 2 以上　Q−過半数

ウ P−4 分の 3 以上　Q−3 分の 2 以上　　**エ** P−4 分の 3 以上　Q−過半数

Ⅰ　人権思想の歩み

　a 人権とは、人間が生まれながらにしてもっている権利である。フランス人権宣言などを通じて、近代革命ののち、多くの国では人権を保障するために、憲法を制定するようになった。

Ⅱ　日本国憲法と人権

　b 日本国憲法は、国民の基本的人権を保障し、それを法律によっても侵すことのできない権利としている。国民主権、[　A　]主義とともに、c 日本国憲法の 3 つの基本原理の 1 つとなっている。

得点アップ

「健康で文化的な最低限度の生活」は社会権の中でも生存権と呼ばれる。

12 🏛 民主政治と社会

1 **右のカードを見て、次の問いに答えなさい。**

カード

a 国会、b 内閣、c 裁判所について

(1) 下線部 a について、次の①・②に答えなさい。

①次の条文は、国会の地位について述べたものです。X・Y にあてはまる語句をそれぞれ答えなさい。〔岩手〕

X [　　　　　　　] Y [　　　　　　　]

> 国会は、国権の　X　機関であって、国の唯一の　Y　機関である。

 ②次の文の［　　　　］にあてはまる内容を簡単に答えなさい。〔岡山〕

[　　　　　　　　　　　　　　　　　　　　　　　　　　　　]

> 衆議院は、任期が短く解散もあることから、国民の多様な　　　　と考えられているため、優越が認められている。

(2) 下線部 b について、次の日本国憲法の条文の P・Q にあてはまる語句を答えなさい。

〔長崎〕 P [　　　　　　　] Q [　　　　　　　]

> 第 69 条　内閣は、衆議院で不信任の決議案を議決し、又は信任の決議案を否決したときは、10 日以内に衆議院が　P　されない限り、　Q　をしなければならない。

(3) 下線部 c について、刑事裁判について述べた文として最も適当なものを、次から 1 つ選びなさい。〔新潟〕　[　　　　　　　]

ア 訴えた人が原告、訴えられた人が被告となって、裁判が行われる。

イ 当事者同士の話し合いにより、争いが解決する場合がある。

ウ 被告人が弁護人を依頼できないときは、国が弁護人を用意する。

エ 個人と個人の間におこる、法的な紛争の解決を図る裁判である。

2 **下の図を見て、次の問いに答えなさい。**

(1) 日本でとられている、国の政治権力を立法権（国会）、行政権（内閣）、司法権（裁判）に分け、互いに均衡を保つしくみを何といいますか。〔静岡〕　[　　　　　　　]

(2) 右の図の a・b にあてはまるものの組み合わせとして、最も適当なものを、次から 1 つ選びなさい。〔新潟〕　[　　　　　　　]

ア a－違憲審査　b－弾劾裁判所の設置

イ a－違憲審査　b－下級裁判所裁判官の任命

ウ a－内閣不信任の決議　b－弾劾裁判所の設置

エ a－内閣不信任の決議　b－下級裁判所裁判官の任命

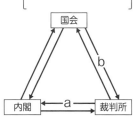

三権分立は、国の権力を 3 つに分けることで、互いに抑制し合い、国民の権利と自由を守っている。

13 🏛 くらしと経済

解答➡別冊 **p.7**

1 右のカードを見て、次の問いに答えなさい。〔岩手〕

カード

> 私たちが納めたa税金は、b国民の健康で豊かな生活を実現するために、c国や地方公共団体が行う活動の財源となるのです。

(1) 下線部aについて、次から間接税を1つ選びなさい。

[　　　　　]

ア　住民税　　イ　所得税　　ウ　消費税　　エ　相続税

(2) 下線部bについて、わが国の社会保障制度の4つの柱のうち、公衆衛生について述べたものを、次から1つ選びなさい。

[　　　　　]

ア　生活保護法に基づき生活費などを支給し、最低限度の生活を保障する。
イ　上下水道の整備や、感染症の予防などで、人々の健康保持と環境改善を図る。
ウ　高齢者や障がい者など、社会で弱い立場になりやすい人々の保護や援助を行う。
エ　加入者や事業主がかけ金を積み立てておき、病気や失業の際に給付する。

(3) 下線部cについて、政府が行う財政政策について述べた次の文中のX・Yにあてはまる語句の組み合わせとして最も適当なものを、あとから1つ選びなさい。

[　　　　　]

> 政府は、不況のときには公共投資を　X　させたり、　Y　したりすることで、景気を回復させようとする。

ア　X－増加　Y－減税　　イ　X－減少　Y－減税
ウ　X－増加　Y－増税　　エ　X－減少　Y－増税

2 「私たちのくらしと経済」について、次の問いに答えなさい。〔山形〕

(1) 右下の資料は、市場経済における、ある商品の価格と需要量、供給量の関係を模式的に表したものです。次の文のa・bにあてはまる語句の組み合わせとして最も適当なものを、あとから1つ選びなさい。

[　　　　　]

> ある商品の価格がPのとき、需要量が供給量を　a　いることから、商品の希少性が　b　と考えられる。

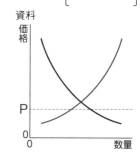

資料

ア　a－下回って　b－高く、価格が上がる
イ　a－下回って　b－低く、価格が下がる
ウ　a－上回って　b－低く、価格が下がる
エ　a－上回って　b－高く、価格が上がる

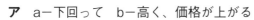

記述 (2) 寡占状態にある市場で、価格が需要量と供給量との関係を反映せずに生じる、消費者の不利益とはどのようなことか、「競争」「購入」の語句を使って答えなさい。

[　　　　　　　　　　　　　　　　　　　　　　　　　　]

得点アップ　日本銀行の金融政策、政府の財政政策は不景気と好景気のときで反対になるので整理しておこう。

14 🏛 国際社会と平和

1 右のカードを見て、次の問いに答えなさい。

(1) 下線部 a について、次の①〜③に答えなさい。

カード

> a 国際連合の役割は、世界の平和と安全の維持と、さまざまな分野での国際的な協力の推進である。とくに b 安全保障理事会は、平和と安全に強い権限をもっている。

①人種や宗教などの違いをこえて、人類普遍の価値として人権を認めた、1948 年に採択された宣言を何といいますか。〔福島〕

[　　　　　　　　　　　]

②難民などの保護を目的として設立された国際連合の機関の略称として適当なものを、次から 1 つ選びなさい。〔福島〕

[　　　]

ア UNICEF　イ UNHCR　ウ WTO　エ WHO

③紛争を平和的に解決するために行われる、紛争の拡大防止や停戦の監視といった平和維持活動の略称を、次から 1 つ選びなさい。〔岡山-改〕

[　　　]

ア UNESCO　イ NPO　ウ NGO　エ PKO

✏️記述 (2) 下線部 b について、右の表は、安全保障理事会における 1997 年の議題の決議案の結果です。この決議案は可決されましたか、否決されましたか。また、そのように判断した理由を、簡単に答えなさい。〔長崎〕

	国名
賛成した国 （14 か国）	イギリス・エジプト・韓国・ギニアビサウ・ケニア・コスタリカ・スウェーデン・中国・チリ・日本・フランス・ポルトガル・ポーランド・ロシア
反対した国 （1 か国）	アメリカ

結果 [　　　　　　]

理由 [　　　　　　　　　　　　　　　　　]

2 次の問いに答えなさい。

(1) 地球環境問題について、次の X・Y の文の正誤の組み合わせとして適当なものを、あとから 1 つ選びなさい。〔福島〕

[　　　]

X：地球サミットで、地球温暖化を防止するため気候変動枠組条約が調印された。

Y：パリ協定で、温室効果ガスの排出量の削減を先進国のみに義務付けた。

ア X−正 Y−正　イ X−正 Y−誤

ウ X−誤 Y−正　エ X−誤 Y−誤

(2) 発展途上国などで、貧困や経済格差の解消のため、事業を始めたい人々の自立を促すため少額融資が行われています。このような少額融資は一般に [　　　] と呼ばれています。[　　　] にあてはまる語句を答えなさい。〔愛媛〕

[　　　　　　　　　　　]

⬆️得点アップ NPO は非営利組織、NGO は非政府組織。どちらも社会問題の解決にむけて取り組みを行っている。

📋 高校入試模擬テスト

1 世界のさまざまな地域について、次の問いに答えなさい。〔沖縄〕

(1) 地図のA・Bの山脈、Cの海洋
の名前を答えなさい。（4点×3）

A [　　　　　　　]

B [　　　　　　　]

C [　　　　　　　]

(2) 地図は、緯線と経線が直角に交
わる地図です。地図中①～③の
うち、実際の距離が最も長くな
るものを、1つ選びなさい。
（4点） [　　　　　]

(3) 次の文は、地図中のD▬で示した地域のおもな農業について述べたものです。①・②に
入る語句の組み合わせとして正しいものを、あとから1つ選びなさい。（4点） [　　　　　]

（　①　）気候を生かして、夏はオレンジやぶどう、冬には（　②　）などを栽培する

ア ①夏に雨が多く降り、冬は乾燥する　　②コーヒー

イ ①夏は乾燥し、冬に雨が多くなる　　②小麦

ウ ①夏は乾燥し、冬に雨が多くなる　　②カカオ

エ ①夏に雨が多く降り、冬は乾燥する　　②小麦

2 右の地図は、新幹線の路線を47都道府県の地図に書
き加えたものです。次の問いに答えなさい。〔熊本〕

(1) 東京駅から新青森駅まで東北新幹線に乗車した場合、
次の河川**ア～ウ**を通過する順に記号で答えなさい。

（5点） [　　　→　　　→　　　]

ア 阿武隈川　　**イ** 北上川　　**ウ** 利根川

(2) ①盛岡駅と②金沢駅がある県の伝統的工芸品を、次
からそれぞれ選びなさい。（5点×2）

①[　　　] ②[　　　]

ア 会津塗　　**イ** 南部鉄器

ウ 西陣織　　**エ** 輪島塗

※新幹線の路線図は
2024年4月現在

（2024年版「データでみる県勢」）

(3) 地図中の▬は、何の上位5道県を示しているか、次から1つ選びなさい。（5点）

ア さつまいもの収穫量　　**イ** じゃがいもの収穫量　　[　　　　　]

ウ 乳牛の飼育頭数　　　　**エ** 肉牛の飼育頭数

3 次の略年表とカードを見て、次の問いに答えなさい。〔福岡〕

世紀	6	7	8	9	10	11	12	13	14	15	16	17	18	19	20
時代			ア					イ					ウ		エ

（Z は 17〜18 世紀の期間を示す）

(1) カードA〜Dは、略年表の**ア〜エ**のいずれ
かの時代にあてはまります。A・Dがあては
まる時代をそれぞれ選びなさい。（4点×2）

A［　　　　　］　D［　　　　　］

カード

A	武家による支配が始まり、やがてその支配が全国に広まった。また、土倉や酒屋があらわれ、富をたくわえるようになった。
B	a 律令に基づいた政治が行われ、やがて摂関政治が行われるようになった。また、貴族や寺社が荘園をもち始めた。
C	b 中央集権国家のしくみが整えられ、やがて議会政治が始まった。また、一部の資本家は財閥に成長していった。
D	幕府と藩による支配が行われたが、やがてその支配が揺らいだ。また、商品作物が栽培され、貨幣経済が広がりc 手工業が発達した。

(2) 下線部a・bについて述べた次の文中の①・
②にあてはまるものを、あとの**ア〜オ**からそ
れぞれ選びなさい。（4点×2）

①［　　　　　］　②［　　　　　］

a 中央から派遣された（　①　）が、郡司に
指揮をして政治を行った。
b 中央から派遣された（　②　）などが地方
を統治した。

ア 大名　　**イ** 守護　　**ウ** 県令
エ 国司　　**オ** 地頭

(3) 次の文は、略年表**ア〜エ**のいずれかの時代の文化の特色について説明したものです。こ
の文化の特色が表れる時代を、略年表の**ア〜エ**から1つ選びなさい。（4点）

［　　　　　］

国際色豊かな文化が栄えたあとに、日本の風土や生活にあった文化が生まれ、かな文字が
つくられた。

(4) 略年表Zの期間にあてはまるできごとを、次の**ア〜エ**から3つ選び、選んだできごと
を年代の古い方から順に並べなさい。（4点）　　［　　　→　　　→　　　］

ア アメリカと条約を結び、下田など2港の開港を認めた。
イ 東南アジアの国々に朱印船を派遣して、貿易を行った。
ウ 倭寇と正式な貿易船を区別するため、勘合を用いた貿易を始めた。
エ ポルトガル船の来航を禁止し、次いでオランダ商館を出島に移した。

(5) 次の文は、下線部cについてまとめたものです。　　　にあてはまる内容を、「分業」
の語句を使って答えなさい。（4点）

［　　　　　　　　　　　　　　　　　　　　　　　　　　　　　　］

わが国では、この時代に、一部の地主や商人が道具をそろえ、工場に　　　という、工場
制手工業が生まれた。

4 次の問いに答えなさい。〔愛媛〕

(1) 日本国憲法では、すべての人の幸福や社会全体の利益を、□□□□という言葉で表しており、第12条で、国民は、自由及び権利を常に□□□□のために利用する責任を負うと規定しています。□□□□にあてはまる言葉を答えなさい。(4点) [   ]

(2) 右の図は、わが国の三権分立のしくみを模式的に表したものです。図中のX・Yにあてはまる語句の組み合わせとして適当なものを、次から1つ選びなさい。(4点) [   ]

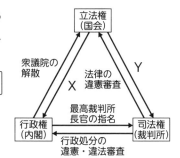

ア X－内閣総理大臣の指名　Y－憲法改正の発議
イ X－内閣総理大臣の指名　Y－裁判官の弾劾裁判
ウ X－内閣総理大臣の任命　Y－憲法改正の発議
エ X－内閣総理大臣の任命　Y－裁判官の弾劾裁判

(3) 地方公共団体の自主財源に分類される収入として最も適当なものを、次から1つ選びなさい。(4点) [   ]

ア 地方交付税交付金　　イ 国庫支出金　　ウ 地方税　　エ 地方債

5 次の問いに答えなさい。〔和歌山〕

(1) 労働環境の整備について、使用者(経営者)に対して労働条件の改善などを交渉するために、労働者が結成する組織を何といいますか。(5点) [   ]

(2) 経済活動について、一般に銀行は家計などからお金を預かり、企業などに貸し出しています。その際、銀行はどのように利益をあげていますか、簡潔に答えなさい。(5点)
[   ]

(3) 日本の社会保障に関して、次の問いに答えなさい。

①日本の社会保障制度の基本的な柱の1つで、高齢者や障がいのある人、子どもなど社会的に弱い立場になりやすい人に対して、生活の保障や支援のサービスを行う制度を何といいますか。次から1つ選びなさい。(5点) [   ]

ア 社会福祉　　イ 公衆衛生　　ウ 社会保険　　エ 公的扶助

②次の文は、これからの社会保障に対する考え方の1つを述べたものです。図は、政府のあり方と課税方法について表したものです。この文で示された考え方が含まれる部分を、図中のア～エから1つ選びなさい。(5点)

[   ]

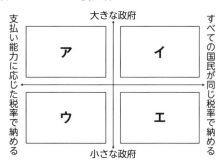

政府が、社会保障を充実させるために、消費税の税率を上げることで税収を増やし、財源を確保すべきだ、という考え方。

数学

傾向と対策

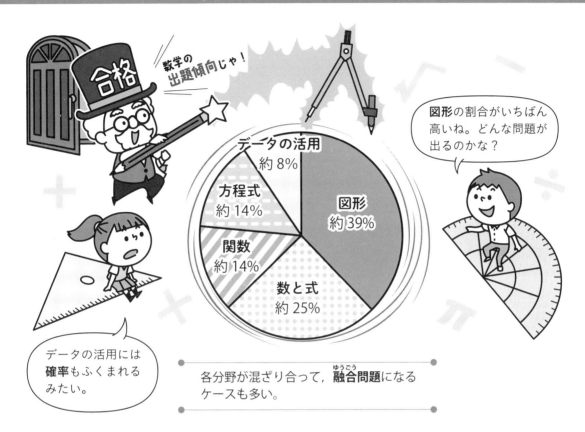

数学の出題傾向じゃ！

図形の割合がいちばん高いね。どんな問題が出るのかな？

データの活用には**確率**もふくまれるみたい。

データの活用
約8%

方程式
約14%

関数
約14%

図形
約39%

数と式
約25%

各分野が混ざり合って，**融合問題**になるケースも多い。

試験への対策をまとめたので、確認するのじゃ！

数と式

- 冒頭（ぼうとう）に出題される計算問題は易しいものが多いので、**計算ミスに注意**して必ず正解できるようにしよう。→p.22～24

方程式

- 計算問題だけでなく**文章題もよく出題される**。答えが出たら、問題文にあてはめて確かめる習慣をつけておこう。→p.25～26

関数

- **図形を組み合わせた問題**では、座標や長さなど、わかったことをグラフに書きこみながら考えよう。→p.27～28

図形

- 三角形の合同や相似、円周角や三平方の定理の問題が頻出（ひんしゅつ）。**作図や証明の練習**もしっかりしておこう。→p.29～33

データの活用

- 確率の出題率が高い。データを分析（ぶんせき）する問題は**基本的な問題が多い**ので、教科書の復習をしておこう。→p.34～35

解答形式

- 答えを求めるまでの過程を記述する問題の練習をしておこう。→ 記述

1 ✕÷ 数と式の計算

解答 ⟶ 別冊 **p.10**

1 次の計算をしなさい。

(1) $(-3)^2 \div \dfrac{1}{6}$ 〔北海道〕

(2) $\dfrac{3}{5} \times \left(\dfrac{1}{2} - \dfrac{2}{3}\right)$ 〔山形〕

[　　　　　]　　　　　[　　　　　]

(3) $2(x+3y)-(5x-4y)$ 〔茨城〕

(4) $\dfrac{7a+b}{5} - \dfrac{4a-b}{3}$ 〔東京〕

[　　　　　]　　　　　[　　　　　]

(5) $(-3a) \times (-2b)^3$ 〔福島〕

(6) $3xy \times 2x^3y^2 \div (-x^3y)$ 〔鳥取〕

[　　　　　]　　　　　[　　　　　]

2 次の問いに答えなさい。

(1) 次の**ア〜エ**のうち、絶対値が最も小さい数を選び、記号で答えなさい。〔群馬〕

ア 3　**イ** -5　**ウ** $-\dfrac{5}{2}$　**エ** 2.1

[　　　　　]

(2) 等式 $3x+2y-4=0$ を y について解きなさい。〔福島〕

[　　　　　]

(3) $x=\dfrac{1}{2}$、$y=-3$ のとき、$2(x-5y)+5(2x+3y)$ の値を求めなさい。〔秋田〕

[　　　　　]

(4) a 個のチョコレートを 1 人に 8 個ずつ b 人に配ると 5 個余りました。これらの数量の関係を等式で表しなさい。〔富山〕

[　　　　　]

(5) 1 個 x 円のパンを 7 個と 1 本 y 円のジュースを 5 本買ったところ、代金の合計が 2000 円以下になりました。この数量の関係を不等式で表しなさい。〔栃木〕

[　　　　　]

　2(3)　式を簡単にしてから代入するとよい。

2 式の展開と因数分解

社会　数学　理科　英語　国語

1 次の計算をしなさい。

(1) $(x-6y)^2$ 〔広島〕

(2) $a(a+2)+(a+1)(a-3)$ 〔和歌山〕

[　　　　　]　　　　[　　　　　]

(3) $(x+1)^2+x(x-2)$ 〔大阪〕

(4) $(3x+1)(x-4)-(x-3)^2$ 〔愛媛〕

[　　　　　]　　　　[　　　　　]

2 次の式を因数分解しなさい。

(1) x^2-6x+9 〔茨城〕

(2) $4x^2-9y^2$ 〔愛媛〕

[　　　　　]　　　　[　　　　　]

(3) $x^2-11x+30$ 〔埼玉〕

(4) ax^2-16a 〔岡山〕

[　　　　　]　　　　[　　　　　]

(5) $(x+5)(x-2)-3(x-3)$ 〔愛知〕

(6) $(x-3)^2+2(x-3)-15$ 〔長野〕

[　　　　　]　　　　[　　　　　]

得点アップ **2**(6)　$x-3=X$ とおいて、まず X の式を因数分解し、その後 X をもとに戻す。

3 ✕÷ 平方根

1 次の計算をしなさい。

(1) $\sqrt{8}-\sqrt{18}$ 〔福島〕

(2) $\dfrac{9}{\sqrt{3}}-\sqrt{12}$ 〔茨城〕

[　　　　　　　] [　　　　　　　]

(3) $(\sqrt{6}+\sqrt{2})(\sqrt{6}-\sqrt{2})$ 〔岩手〕

(4) $(\sqrt{5}+1)^2$ 〔佐賀〕

[　　　　　　　] [　　　　　　　]

(5) $\sqrt{8}-\sqrt{3}(\sqrt{6}-\sqrt{27})$ 〔香川〕

(6) $(\sqrt{7}-2)(\sqrt{7}+3)-\sqrt{28}$ 〔山形〕

[　　　　　　　] [　　　　　　　]

2 次の問いに答えなさい。

(1) 3つの数 $3\sqrt{2}$、$2\sqrt{3}$、4 について、最も大きい数
と最も小さい数の組み合わせとして正しいものを右
の**ア〜カ**の中から1つ選び、記号で答えなさい。

〔鹿児島〕

	最も大きい数	最も小さい数
ア	$3\sqrt{2}$	$2\sqrt{3}$
イ	$3\sqrt{2}$	4
ウ	$2\sqrt{3}$	$3\sqrt{2}$
エ	$2\sqrt{3}$	4
オ	4	$3\sqrt{2}$
カ	4	$2\sqrt{3}$

[　　　　　　　]

(2) $\sqrt{5}<n<\sqrt{11}$ となるような自然数 n の値は、$n=\boxed{}$ である。$\boxed{}$にあてはまる数
を答えなさい。〔沖縄〕

[　　　　　　　]

(3) $\dfrac{\sqrt{40n}}{3}$ の値が整数となるような自然数 n のうち、最も小さい数を求めなさい。〔三重〕

[　　　　　　　]

得点アップ **2**(3) $\dfrac{\sqrt{40n}}{3}=2\sqrt{\dfrac{10n}{9}}$ が整数になるので、自然数 m を用いて、$n=10\times9\times m^2$ の形になればよい。

4 1次方程式と連立方程式

解答 ⊖ 別冊 p.11

1 次の方程式を解きなさい。

(1) $6x-1=4x-9$ 〔群馬〕

(2) $4(x+8)=7x+5$ 〔東京〕

[　　　　　　　]　　　　[　　　　　　　]

(3) $\dfrac{5x-2}{4}=7$ 〔秋田〕

(4) $1.3x+0.6=0.5x+3$ 〔埼玉〕

[　　　　　　　]　　　　[　　　　　　　]

(5) $\begin{cases} x-3y=10 \\ 5x+3y=14 \end{cases}$ 〔大阪〕

(6) $2x+y=5x+3y=-1$ 〔滋賀〕

[　　　　　　　]　　　　[　　　　　　　]

2 チョコレートが何個かと、それを入れるための箱が何個かあります。1個の箱にチョコレートを30個ずつ入れたところ、すべての箱にチョコレートを入れてもチョコレートは22個余りました。そこで、1個の箱にチョコレートを35個ずつ入れたところ、最後の箱はチョコレートが32個になりました。このとき、箱の個数を求めなさい。〔茨城〕

[　　　　　　　]

記述 **3** ある中学校で地域の清掃(せいそう)活動を行うために、生徒200人が4人1組または5人1組のグループに分かれました。ゴミ袋を配るとき、1人1枚ずつに加え、グループごとの予備として4人グループには2枚ずつ、5人グループには3枚ずつ配ったところ、配ったゴミ袋は全部で314枚でした。このとき、4人グループと5人グループの数をそれぞれ求めなさい。求める過程も書きなさい。〔福島〕

得点アップ **3** 4人グループの数を x、5人グループの数を y とし、人数に関する式とゴミ袋の枚数に関する式をつくる。

25

社会　数学　理科　英語　国語

5 ■=■ 2次方程式

目標時間 **10** 分

時間　　　分

解答 ⊕ 別冊 **p.12**

1 次の2次方程式を解きなさい。

(1) $x^2 - 2x - 35 = 0$　〔大阪〕

$$\Bigl[\qquad\qquad\Bigr]$$

(2) $x^2 + 7x = 2x + 24$　〔静岡〕

$$\Bigl[\qquad\qquad\Bigr]$$

(3) $x^2 + 3x - 5 = 0$　〔広島〕

$$\Bigl[\qquad\qquad\Bigr]$$

(4) $(x - 2)^2 = 25$　〔富山〕

$$\Bigl[\qquad\qquad\Bigr]$$

(5) $(x - 5)(x + 4) = 3x - 8$　〔福岡〕

$$\Bigl[\qquad\qquad\Bigr]$$

(6) $(5x - 2)^2 - 2(5x - 2) - 3 = 0$　〔埼玉〕

$$\Bigl[\qquad\qquad\Bigr]$$

2 次の問いに答えなさい。

(1) a を0でない定数とします。x の2次方程式 $ax^2 + 4x - 7a - 16 = 0$ の1つの解が $x = 3$ であるとき、a の値（あたい）を求めなさい。また、この方程式のもう1つの解を求めなさい。〔大阪〕

a の値 $\Bigl[\qquad\qquad\Bigr]$　**もう1つの解** $\Bigl[\qquad\qquad\Bigr]$

（記述）(2) ある正の整数から3をひいて、これを2乗すると64になります。この正の整数を求めなさい。ただし、「ある正の整数を x とすると、」の書き出しに続けて、答えを求めるまでの過程も書きなさい。〔岡山〕

$$\Bigl[\text{ある正の整数を } x \text{ とすると、}$$

（記述）(3) 底面が正方形で、高さが3cmの直方体があります。この直方体の表面積が $80\,\mathrm{cm}^2$ であるとき、底面の正方形の1辺の長さを求めなさい。ただし、底面の正方形の1辺の長さを $x\,\mathrm{cm}$ として、x についての方程式と計算過程も書くこと。〔鹿児島〕

得点アップ **2**(1) $x = 3$ が解なので、x に3を代入すると式が成り立つ。$x = 3$ を代入して、a の方程式をつくる。

6 比例・反比例と 1 次関数

解答 ⊙ 別冊 **p.13**

1 次の問いに答えなさい。

(1) y は x に比例し、$x=-2$ のとき $y=10$ です。x と y の関係を式に表しなさい。〔徳島〕

$$[\qquad\qquad]$$

(2) y は x に反比例し、$x=-6$ のとき $y=2$ です。$y=3$ のときの x の値を求めなさい。

〔兵庫〕

$$[\qquad\qquad]$$

(3) 1 次関数 $y=-2x+1$ について、x の変域が $-1\leqq x\leqq 2$ のとき、y の変域を求めなさい。

〔長崎〕

$$[\qquad\qquad]$$

(4) 関数 $y=ax+b$ について、x の値が 2 増加すると、y の値が 4 増加し、$x=1$ のとき $y=-3$ です。このとき、a、b の値をそれぞれ求めなさい。〔青森〕

$$[\qquad\qquad]$$

2 右の図において、①は関数 $y=\dfrac{a}{x}$ のグラフ、②は関数 $y=bx$ のグラフです。①のグラフ上に x 座標が 3 である点 A をとり、四角形 ABCD が正方形となるように、3 点 B、C、D をとると、2 点 B、C の座標はそれぞれ $(7,\ 2)$、$(7,\ 6)$ となりました。〔山形〕

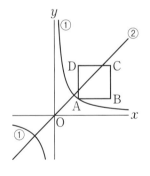

(1) a の値を求めなさい。

$$[\qquad\qquad]$$

(2) 関数 $y=bx$ のグラフが四角形 ABCD の辺上の点を通るとき、b のとる値の範囲を、不等号を使って表しなさい。

$$[\qquad\qquad]$$

得点アップ
2(2) 傾きが最大になるときに通る点と、傾きが最小になるときに通る点を考えよう。

解答 ⊕ 別冊 **p.13**

1 次の問いに答えなさい。

(1) 関数 $y=ax^2$ のグラフが点 $(-2, -12)$ を通るとき、a の値を求めなさい。〔群馬〕

$$\left[\right]$$

(2) 関数 $y=\dfrac{1}{4}x^2$ について、x の値が 2 から 6 まで増加するときの変化の割合を求めなさい。

〔徳島〕

$$\left[\right]$$

(3) 関数 $y=2x^2$ について、x の変域が $a \leqq x \leqq 1$ のとき、y の変域は $0 \leqq y \leqq 18$ となりました。このとき、a の値を求めなさい。〔埼玉〕

$$\left[\right]$$

2 右の図のように、関数 $y=x^2$ のグラフ上に 3 点 A、B、C があり、関数 $y=-\dfrac{1}{3}x^2$ のグラフ上に点 D があります。A、B の x 座標はそれぞれ -2、2 です。また、C と D の x 座標は等しく、2 より大きくなっています。〔岩手〕

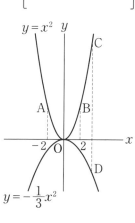

(1) 関数 $y=x^2$ について、x の値が 1 から 2 まで増加するときの変化の割合を求めなさい。

$$\left[\right]$$

(2) △ABC と △ABD の面積が等しいとき、点 C の x 座標を求めなさい。

$$\left[\right]$$

得点アップ　**2**(2)　△ABC と △ABD の底辺を AB としたとき、高さが等しくなるようにする。

8 ◆◆ 平面図形と空間図形

月　　　日

目標時間　**10** 分

時間　　　　　分

解答 ⊙ 別冊 p.14

1 次の作図をしなさい。作図には定規とコンパスを使い、作図に用いた線は消さないこと。

(1) 下の図の △ABC において、辺 AC 上にあり、∠ABP＝30° となる点 P を作図によって求めなさい。〔栃木〕

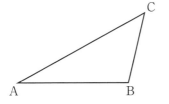

(2) 下の図で、直線 ℓ と点 A で接する円のうち、中心が 2 点 B、C から等しい距離にある円を作図しなさい。〔三重〕

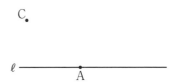

2 次の問いに答えなさい。

(1) 右の図は、立方体の展開図です。この展開図を組み立てて立方体をつくるとき、面**イ**の 1 辺である辺 AB と垂直になる面を面**ア**～**カ**からすべて選び、記号で答えなさい。〔群馬〕

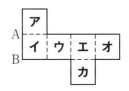

[　　　　　　　]

(2) 右の図のように、底面の対角線の長さが 4 cm で、高さが 6 cm の正四角錐があります。この正四角錐の体積は何 cm³ ですか。〔広島〕

[　　　　　　　]

(3) 右の図のような母線の長さが 4 cm の円錐があります。この円錐の側面の展開図が半円になるとき、この円錐の底面の半径を求めなさい。〔佐賀〕

4 cm

[　　　　　　　]

(4) 右の図のような半径が 3 cm、中心角が 90° のおうぎ形 OAB を、線分 OA を軸として 1 回転させてできる立体の体積は何 cm³ ですか。〔長崎〕

[　　　　　　　]

⬆ 得点アップ　**2**(1)　展開図を組み立てたとき、どの面がどの位置にくるかを考え、見取図をかいて考える。

社会

数学

理科

英語

国語

29

9 ◆◆ 図形の性質と合同

1 次の問いに答えなさい。

(1) 右の図において、$\ell /\!/ m$ のとき、$\angle x$ の大きさを求めなさい。
〔群馬〕

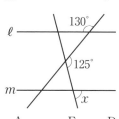

[　　　　　　　　]

(2) 右の図で、$\ell /\!/ m$ のとき、$\angle x$ の大きさは何度か、求めなさい。
〔兵庫〕

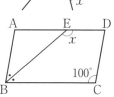

[　　　　　　　　]

(3) 右の図のような平行四辺形 ABCD があり、BE は $\angle$ABC の二等分線です。$\angle x$ の大きさを求めなさい。〔富山〕

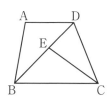

[　　　　　　　　]

2 右の図のように、AD$/\!/$BC の台形 ABCD があり、$\angle$BCD$=\angle$BDC です。対角線 BD 上に、$\angle$DBA$=\angle$BCE となる点 E をとるとき、AB$=$EC であることを証明しなさい。〔新潟〕

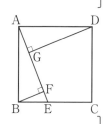

3 右の図のように、正方形 ABCD の辺 BC 上に点 E をとり、頂点 B、D から線分 AE にそれぞれ垂線 BF、DG をひきます。このとき、△ABF≡△DAG であることを証明しなさい。〔栃木〕

↑
得点アップ　**3** 直角三角形の合同条件を用いる。正方形の1つの内角は 90° であることを利用する。

10 ◆◆ 相似な図形

1 次の問いに答えなさい。

(1) 右の図のように、△ABC があり、点 D は辺 BC 上にあります。AB＝12 cm、AC＝8 cm、CD＝6 cm、∠ABC＝∠DAC のとき、線分 AD の長さを求めなさい。〔秋田〕

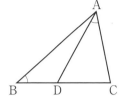

[　　　　　　　　]

(2) 右の図のような、AD＝5 cm、BC＝8 cm、AD∥BC である台形 ABCD があります。辺 AB の中点を E とし、E から辺 BC に平行な直線をひき、辺 CD との交点を F とするとき、線分 EF の長さを求めなさい。〔埼玉〕

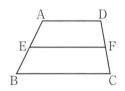

[　　　　　　　　]

(3) 右の図において、AB∥EC、AC∥DB、DE∥BC です。また、線分 DE と線分 AB、AC との交点をそれぞれ F、G とすると、AF：FB＝2：3 でした。BC＝10 cm のとき、線分 DE の長さを求めなさい。〔京都〕

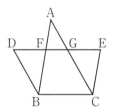

[　　　　　　　　]

2 右の図のように、平行四辺形 ABCD があり、点 E は辺 AD の中点です。辺 BC を 3 等分する点を、点 B に近いほうから順に F、G とし、線分 AG と線分 EF との交点を H とします。〔広島〕

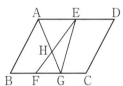

(1) ∠AGB＝70°、∠BAG＝∠DAG となるとき、∠ADC の大きさは何度ですか。

[　　　　　　　　]

(2) △AHE の面積が 9 となるとき、△EFG の面積を求めなさい。

[　　　　　　　　]

得点アップ **2**(2)　相似な図形の面積比は相似比の 2 乗、高さが等しい 2 つの三角形の面積比は底辺の比である。

11 ◆◆◆ 円

1 次の問いに答えなさい。

(1) 右の図において、∠x の大きさを求めなさい。ただし、4 点 A、B、C、D は円 O の周上の点であり、線分 AC は円 O の直径です。〔鳥取〕

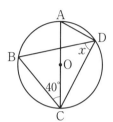

[　　　　　　　　]

(2) 右の図のように、円 O の周上に 5 点 A、B、C、D、E があるとき、∠$x=$ ☐ ° です。☐ にあてはまる数を答えなさい。〔沖縄〕

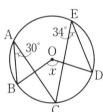

[　　　　　　　　]

(3) 右の図において、点 A、B、C は円 O の周上の点です。∠x の大きさを求めなさい。〔栃木〕

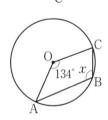

[　　　　　　　　]

2 右の図のように、線分 AB を直径とする円 O の周上に、直線 AB に対して反対側にある 2 点 C、D を AC∥DO となるようにとります。また、線分 AB と線分 CD との交点を E とします。〔福島〕

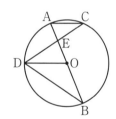

(1) △EDO∽△EBD となることを証明しなさい。

[　　　　　　　　　　　　　　　　　　　　　　　　　　　]

(2) AC：DO＝7：9 であるとき、△EDO と △EBD の相似比を求めなさい。

[　　　　　　　　]

 2(2)　EA の長さを $7a$ として、2 組の相似な三角形の辺の比から考えよう。

12 ◆◆ **三平方の定理**

1 次の問いに答えなさい。

(1) 右の図のように、線分 AB を直径とする半円 O の弧 AB 上に点 C があります。3 点 A、B、C を結んでできる △ABC について、AB＝8 cm、∠ABC＝30° のとき、弧 BC と線分 BC で囲まれた色のついた部分の面積を求めなさい。〔岡山〕

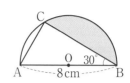

[　　　　　　　　　]

(2) 半径 7 cm の球を、中心から 4 cm の距離にある平面で切ったとき、切り口の円の面積を求めなさい。〔埼玉〕

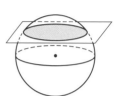

[　　　　　　　　　]

2 右の図のように、点 A、B、C、D、E、F を頂点とする 1 辺の長さが 1 cm の正八面体があります。〔千葉〕

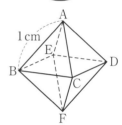

(1) 線分 BD の長さを求めなさい。

[　　　　　　　　　]

(2) 正八面体の体積を求めなさい。

[　　　　　　　　　]

3 右の図のように、AB＜BC であるような長方形 ABCD があります。まず、折り目が頂点 D を通り、頂点 A が辺 BC 上にくるように折り返します。このとき、頂点 A が移った点を E とし、折り目を線分 DF とします。次に、折り目が点 E を通り、頂点 C が線分 DE 上にくるように折り返します。このとき、頂点 C が移った点を G とし、折り目を線分 EH とします。〔高知〕

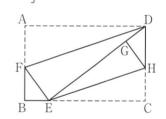

(1) △DFE∽△EHG を証明しなさい。

[

(2) AB＝9 cm、BC＝15 cm のとき、三角形 DFE の面積は、三角形 DHG の面積の何倍か。

[　　　　　　　　　]

得点アップ **3**(2) 面積を考える三角形はどちらも直角三角形なので、直角をはさむ 2 つの辺の長さを考える。

13 データの整理

解答 ➔ 別冊 **p.19**

1 次の問いに答えなさい。

(1) 下のデータは、ある生徒 12 人の先月読んだ本の冊数を調べ、冊数が少ない順に並べたものです。第 3 四分位数を求めなさい。〔滋賀〕

データ

| 1　2　3　3　4　5　5　6　8　10　10　12 |（冊）

[　　　　　　　]

(2) 次の表は、ある学年の生徒の通学時間を調査し、その結果を度数分布表にまとめたものです。表中の ① 、② にあてはまる数をそれぞれ求めなさい。〔和歌山〕

通学時間（分）			度数（人）	相対度数	累積度数（人）
以上		未満			
0	～	10	24	＊	＊
10	～	20	56	＊	＊
20	～	30	64	0.32	②
30	～	40	40	0.20	＊
40	～	50	16	①	＊
計			200	1.00	

＊は、あてはまる数を省略したことを表している。

① [　　　　　　　]

② [　　　　　　　]

(3) 右の図は、P 中学校の 3 年生 25 人が投げた紙飛行機の滞空時間について調べ、その度数分布表からヒストグラムをつくったものです。例えば、滞空時間が 2 秒以上 4 秒未満の人は 3 人いたことがわかります。このとき、紙飛行機の滞空時間について、最頻値を求めなさい。〔三重〕

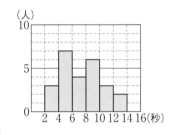

[　　　　　　　]

2 右の図は、ある中学校の 3 年 A 組の生徒 35 人と 3 年 B 組の生徒 35 人が 1 学期に読んだ本の冊数について、クラスごとのデータの分布の様子を箱ひげ図に表したものです。〔岐阜一改〕

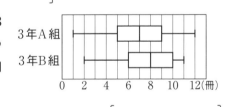

(1) 3 年 A 組の四分位範囲を求めなさい。

[　　　　　　　]

(2) 図から読みとれることとして正しいものを、**ア〜エ**からすべて選び、記号で書きなさい。

[　　　　　　　]

　ア　3 年 A 組と 3 年 B 組は、生徒が 1 学期に読んだ本の冊数のデータの範囲が同じである。

　イ　3 年 A 組は、3 年 B 組より、生徒が 1 学期に読んだ本の冊数のデータの中央値が小さい。

　ウ　3 年 A 組は、3 年 B 組より、1 学期に読んだ本が 9 冊以下である生徒が多い。

　エ　3 年 A 組と 3 年 B 組の両方に、1 学期に読んだ本が 10 冊である生徒が必ずいる。

得点アップ　**1**(3)　ヒストグラムから最頻値を読みとるときは、度数が最も多い階級の階級値を最頻値とする。

14 🔍 確　率

解答 ➔ 別冊 **p.19**

1 次の問いに答えなさい。

(1) 3枚の硬貨を同時に投げるとき、2枚以上裏となる確率を求めなさい。ただし、硬貨は、表と裏のどちらが出ることも同様に確からしいものとします。〔滋賀〕

[　　　　　　　　　]

(2) 赤玉3個、白玉2個、青玉1個が入っている箱から、同時に2個の玉を取り出すとき、取り出した2個の玉の色が異なる確率を求めなさい。ただし、どの玉の取り出し方も、同様に確からしいものとします。〔徳島〕

[　　　　　　　　　]

2 2つのさいころ A、B を同時に投げます。A の出た目の数を十の位、B の出た目の数を一の位として2けたの整数 n をつくります。

ただし、どちらのさいころも1から6までの目の出方は、同様に確からしいものとします。

〔沖縄〕

(1) 整数 n は全部で何通りできるか求めなさい。

[　　　　　　　　　]

(2) $n \geqq 55$ となる確率を求めなさい。

[　　　　　　　　　]

(3) 整数 n が3の倍数となる確率を求めなさい。

[　　　　　　　　　]

3 下の図のように、1、3、4、6、8、9の数字が1つずつ書かれた6枚のカードがあります。この6枚のカードをよくきって、同時に2枚ひきます。このとき、次の問いに答えなさい。ただし、どのカードをひくことも同様に確からしいものとします。〔千葉〕

| 1 | 3 | 4 | 6 | 8 | 9 |

(1) ひいた2枚のカードに書かれた数が、どちらも3の倍数である場合は何通りあるか求めなさい。

[　　　　　　　　　]

(2) ひいた2枚のカードに書かれた数の積が、3の倍数である確率を求めなさい。

[　　　　　　　　　]

⬆ 得点アップ　**3**(2)　どのような場合があるか、表や樹形図などをかいて数えよう。

高校入試模擬テスト

1 次の計算をしなさい。(4点×4)

(1) $1-(2-5)$ 〔山形〕

(2) $(\sqrt{6}-1)(2\sqrt{6}+9)$ 〔東京〕

[　　　　　　]　　　　　　　[　　　　　　]

(3) $\dfrac{2x+y}{3}-\dfrac{x+5y}{7}$ 〔静岡〕

(4) $-12ab\times(-3a)^2\div6a^2b$ 〔山形〕

[　　　　　　]　　　　　　　[　　　　　　]

2 次の方程式を解きなさい。(4点×2)

(1) $\begin{cases} x+3y=21 \\ 2x-y=7 \end{cases}$ 〔新潟〕

(2) $(x-2)^2-4=0$ 〔山口〕

[　　　　　　]　　　　　　　[　　　　　　]

3 次の問いに答えなさい。(5点×3)

(1) 右の図のように、比例 $y=\dfrac{2}{3}x$ のグラフと反比例 $y=\dfrac{a}{x}$ のグラフとの交点のうち、x 座標が正である点を A とします。点 A の x 座標が 6 のとき、a の値を求めなさい。〔宮城〕

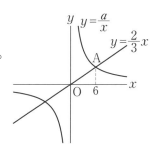

[　　　　　　]

(2) 右の図の立体は、底面の半径が 4 cm、高さが a cm の円柱です。右の図の円柱の表面積は 120π cm² です。a の値を求めなさい。〔大阪〕

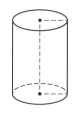

[　　　　　　]

(3) 2 つのさいころを同時に投げるとき、出る目の数の和が 10 より大きい確率はいくらですか。1 から 6 までのどの目が出ることも同様に確からしいものとして答えなさい。

〔大阪〕

[　　　　　　]

4 あるクラスで生徒の家にある本の冊数を調べました。15人ずつ A 班と B 班に分け、それぞれの班のデータを集計しました。下の図は、A 班のデータの分布の様子を箱ひげ図に表したものです。(7点×2)〔山梨〕

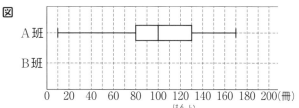

(1) 図において、A 班の箱ひげ図から、四分位範囲を求めなさい。

[　　　　　　　]

(2) 下のデータは、B 班のデータを小さいほうから順に整理したものです。このデータをもとに、B 班のデータの分布の様子を表す箱ひげ図をかき入れなさい。

> 20　35　80　100　110　120　120　130　140　145
> 155　160　170　170　180（冊）

5 右の図で、△ABC の3つの頂点 A、B、C は円 O の周上にあり、点 D は∠BAC の二等分線と円 O との交点です。また、線分 AD と辺 BC の交点を E とし、B を通り線分 DC に平行な直線と AD、辺 AC との交点をそれぞれ F、G とします。(7点×3)〔岐阜〕

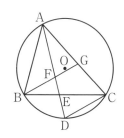

(1) △AEC∽△BGC であることを証明しなさい。

(2) AB＝4 cm、BC＝5 cm、CA＝6 cm のとき、
① CE の長さを求めなさい。

[　　　　　　　]

② △BEF の面積は、△AFG の面積の何倍であるかを求めなさい。

[　　　　　　　]

6 右の図のように、∠ACB＝75°、BA＝BC の二等辺三角形 ABC が
あります。△ABC の内部に点 P をとり、∠PBC＝∠PCB＝15° と
なるようにします。点 P を定規とコンパスを使って作図しなさい。
ただし、点を示す記号 P をかき入れ、作図に用いた線は消さない
こと。（5 点）〔北海道〕

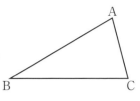

7 太郎さんは、午前 9 時ちょうどに学校を出発して、図書館に向かいました。学校から図書
館までは一本道であり、その途中に公園があります。学校から公園までの 1200 m の道の
りは分速 80 m の一定の速さで歩き、公園で 10 分間休憩した後、公園から図書館までの
1800 m の道のりは分速 60 m の一定の速さで歩きました。（7 点×3）〔愛媛〕

(1) 太郎さんが公園に到着したのは午前何時何分か求めなさい。

[　　　　　　　　]

(2) 太郎さんが学校を出発してから x 分後の学校からの道のりを y m とするとき、太郎さ
んが学校を出発してから図書館に到着するまでの x と y の関係を表すグラフをかきな
さい。

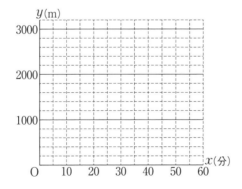

(3) 花子さんは、午前 9 時 20 分ちょうどに図書館を出発し、一定の速さで走って学校へ向
かいました。途中で太郎さんと出会い、午前 9 時 45 分ちょうどに学校に到着しました。
花子さんが太郎さんと出会ったのは午前何時何分何秒か求めなさい。

[　　　　　　　　]

傾向と対策

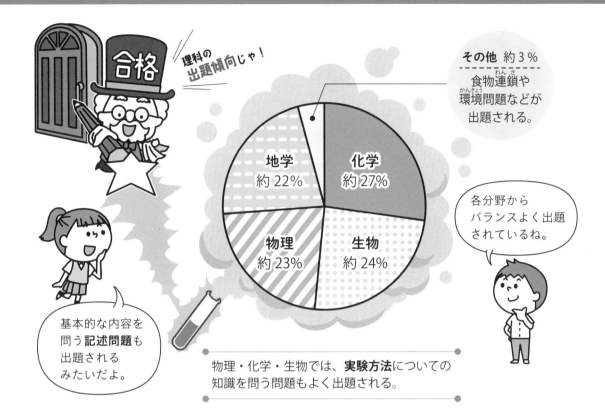

理科の出題傾向じゃ！

その他 約3％
食物連鎖や環境問題などが出題される。

地学 約22％

化学 約27％

物理 約23％

生物 約24％

各分野からバランスよく出題されているね。

基本的な内容を問う**記述問題**も出題されるみたいだよ。

物理・化学・生物では、**実験方法**についての知識を問う問題もよく出題される。

試験への対策をまとめたので、確認するのじゃ！

物理

- 電流についての問題がよく出る。**オームの法則**から電流・電圧・抵抗の大きさを求められるようにしておこう。➡p.41

化学

- イオンについての問題がよく出る。**金属のイオンへのなりやすさ**について理解しておこう。➡p.46

生物

- 消化と吸収についての問題がよく出る。ヒトの体内における**消化酵素のはたらき**について覚えておこう。➡p.49

地学

- 地震についての問題がよく出る。観測記録から、震源から伝わる**波の到着時刻**などを求められるようにしておこう。➡p.52

実験・観察

- 対照実験について、その目的を理解しておこう。➡p.48, 51

作図

- マス目の数や傾きに注意して、正確に作図するようにしよう。➡p.42, 47, 53

解答形式

- 文章記述の練習もしておこう。➡記述

1 ⚡ 光・音・力

1 次の実験について、あとの問いに答えなさい。〔北海道一改〕

〔実験〕図1のように、LEDを取りつけた物体、凸レンズ、スクリーンを一直線に並べました。次に、凸レンズを動かさずに、スクリーンにはっきりとした像がうつるように物体とスクリーンの位置を動かし、像の大きさを調べました。図2、図3はこのときの結果をグラフに表したものです。

〔図1〕

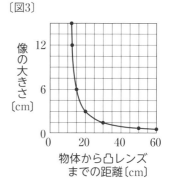

(1) この凸レンズの焦点距離は何 cm ですか。

　　　　［　　　　　　　　］

(2) この物体の大きさは何 cm ですか。　［　　　　　　　　］

〔図2〕　〔図3〕

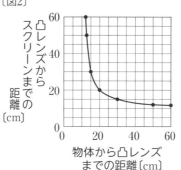

2 音の波形や性質について、次の問いに答えなさい。

(1) 右図は、モノコードの弦をはじいたときの音の波形を表したもので、横軸は時間、縦軸は振幅を表しています。この音の振動数は何 Hz ですか。〔栃木一改〕　　　　［　　　　　　　　］

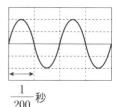

$\dfrac{1}{200}$ 秒

(2) 弦の長さを長くすると、振動数や音の高さはどのように変化しますか。簡単に答えなさい。

［　　　　　　　　　　　　　　　　　　　　　　　　　　　　　　　　　］

3 右図のように物体を水に沈めたときの、物体を沈めた深さとばねばかりの値は下の表のようになりました。あとの問いに答えなさい。ただし、質量 100 g の物体にはたらく重力の大きさを 1 N とし、糸の質量は考えないものとします。〔徳島一改〕

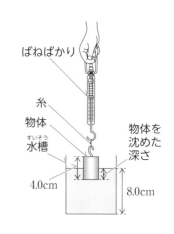

物体を沈めた深さ〔cm〕	0	2.0	4.0
ばねばかりの値〔N〕	1.9	1.6	1.3

(1) 物体の質量は何 g ですか。　　　　［　　　　　　　　］

(2) 物体を水面から 2.0 cm の深さまで沈めたとき、物体にはたらく浮力の大きさは何 N ですか。　［　　　　　　　　］

 ばねばかりの値＝物体にはたらく重力の大きさ－物体にはたらく浮力の大きさ

2 ⚡ 電流のはたらき

解答 ⊕ 別冊 **p.23**

1 次の実験について、あとの問いに答えなさい。〔石川−改〕

〔実験〕図１の装置をつくり、コイルの下部を黒
く塗りました。スイッチを入れると、回路に
は ➡ の向きに電流が流れ、コイルの下部
は ⬅ の向きに力を受けて動いた後、静止
しました。なお、電源装置からは一定の向き
に電流が流れるものとします。

〔図1〕

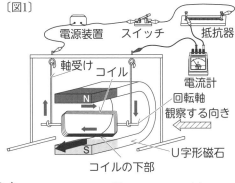

電源装置　スイッチ　抵抗器
軸受け　コイル
電流計
回転軸
観察する向き
N
S
U字形磁石
コイルの下部

(1) 一定の向きに流れる電流を何といいますか。

[　　　　　　]

(2) スイッチを入れると、電流計の目盛りは図２のよ
うになりました。電流の大きさは何 mA ですか。

[　　　　　　]

(3) 電流の大きさを変えて、抵抗器に 300 mA の電流
を５秒間流したとき、抵抗器が消費する電力量は
何 J ですか。ただし、抵抗器の抵抗の大きさを
20 Ω とします。　　　　　[　　　　　　]

〔図2〕

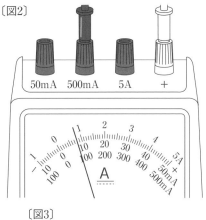

50mA　500mA　5A　+

A

(4) 図３は、図１の装置を ⬅▨ の向きに見た模式図
です。コイルが回転し続けるように、スイッチを
入れたり切ったりするとき、コイルの回転を止め
る力がはたらかないようにするには、コイルの黒
く塗った部分が図３のどの範囲を通過していると
きにスイッチを切った状態にする必要があります
か。図３の**ア〜エ**からすべて選びなさい。

[　　　　　　]

(5) 実験の後、図４のようにコイルの位置を変えまし
た。スイッチを入れるとコイルはどのように動き
ますか。最も適当なものを次の**ア〜エ**から１つ選
びなさい。　　　　　　　[　　　　　　]

〔図3〕

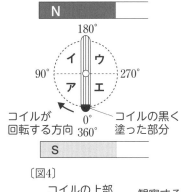

N
180°
イ　ウ
90°　　　270°
ア　エ
0°
360°
コイルが
回転する方向
コイルの黒く
塗った部分
S

〔図4〕

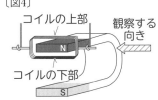

コイルの上部
観察する
向き
N
コイルの下部
S

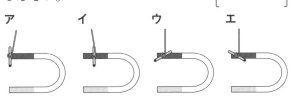

ア　　　イ　　　ウ　　　エ

得点アップ

電流の向きと磁界の向きの両方が逆向きになると、コイルが電流から受ける力の向きは変わらない。

社会　数学　理科　英語　国語

3 物体の運動

解答⊙別冊 **p.24**

1 斜面をくだる台車の運動を調べる実験を次の手順で行いました。あとの問いに答えなさい。ただし、摩擦や空気の抵抗、テープの重さ、テープの伸びは考えないものとします。

〔福岡・長崎・群馬─改〕

〔手順1〕図1のように、記録タイマーに通したテープを、斜面上の台車につけます。

〔手順2〕テープから静かに手を離し、台車が斜面をくだるようすを、1秒間に60回打点する記録タイマーで記録します。

〔手順3〕記録テープを、打点が記録された順に6打点ごとに①～④に切り分けて、図2のように貼ります。

〔手順4〕図2の①～④のテープの長さから、各区間の台車の平均の速さを求め、表に記入します。

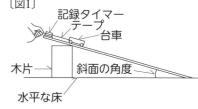

〔図1〕 記録タイマー／テープ／台車／木片／斜面の角度／水平な床

区間（テープ番号）	①	②	③	④
台車の平均の速さ〔cm/s〕	22	X	72	97

〔図2〕 6打点ごとに切ったテープの長さ〔cm〕：9.7／7.2／4.7／2.2／0　テープ番号 ①②③④

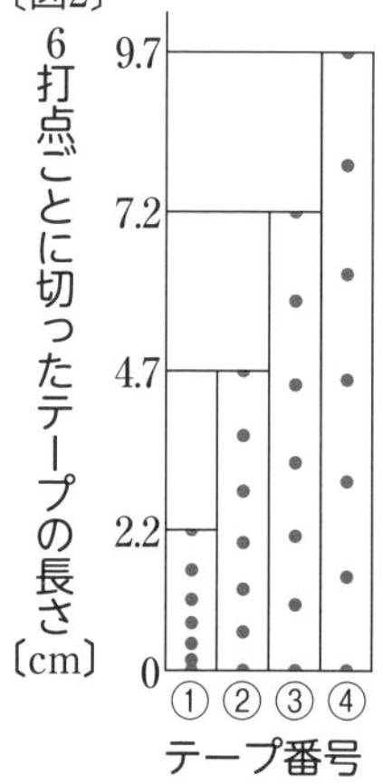

(1) 表のXにあてはまる数値を書きなさい。　［　　　　　］

(2) 図3は、手順3で切り分ける前のテープを表しています。P点が打点されてから、Q点が打点されるまでの、台車の平均の速さを求めなさい。

［　　　　　　］

〔図3〕

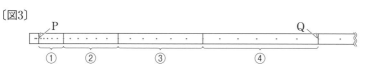

P　　　　　　　　　　　　　　　Q

①　②　③　④

(3) 図4の矢印は、台車にはたらく重力を表しています。この重力を斜面に平行な方向と斜面に垂直な方向の2つに分解し、その分力を図4にかきなさい。

〔図4〕

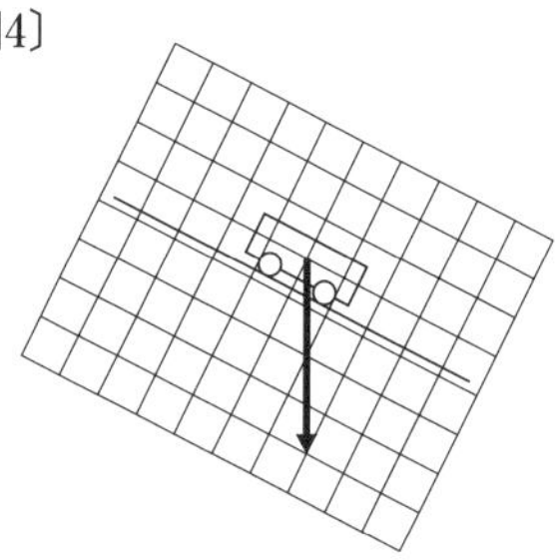

(4) 台車が斜面をくだっているとき、台車の運動方向にはたらく力の大きさはどうなりますか。正しいものを、次の**ア**～**ウ**から1つ選びなさい。　［　　　　　］

　ア しだいに小さくなる。　**イ** 変わらない。　**ウ** しだいに大きくなる。

得点アップ　物体にはたらく重力は、斜面に平行な分力と垂直な分力に分解できる。

4 仕事とエネルギー

1 次の実験について、あとの問いに答えなさい。ただし、摩擦や台車 X 以外の道具の質量、糸の伸び縮みはないとし、質量 100 g の物体にはたらく重力の大きさを 1.0 N とします。〔愛媛−改〕

〔図1〕

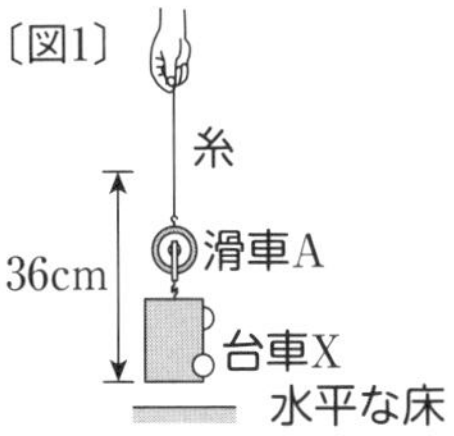

〔実験1〕図 1 のように、質量 1.5 kg の台車 X を取り付けた滑車 A に糸の一端を結び、もう一端を手でゆっくり引いて、a 台車 X を 5.0 cm/s の一定の速さで、36 cm 真上に引き上げました。

〔実験2〕図 2 のように、滑らかな斜面上の固定したくぎに糸の一端を結び、滑車 A、B に通した糸の一端をゆっくり引いて、b 台車 X を、斜面に沿ってもとの位置から 36 cm 高くなるまで引き上げました。

〔図2〕

(1) 下線部 a のとき、台車 X を引き上げるのにかかった時間は何秒ですか。　　　　　　　　　　　　　　　　　　[　　　　　]

(2) 下線部 b のとき、ばねばかりを用いて手が糸を引く力の大きさを調べると、4.5 N でした。台車 X が斜面に沿って移動した距離は何 cm ですか。　　　　　　　　　　[　　　　　]

2 斜面を移動する物体の運動を調べるため、次の実験を行いました。あとの問いに答えなさい。ただし、空気抵抗や小球の大きさ、台車や小球と面との摩擦は考えないものとし、すべての斜面と水平な床は滑らかにつながっているものとします。〔群馬−改〕

〔実験〕Ⅰ．右図のように、斜面 A と斜面 A の前方に、斜面 A と同じ角度の斜面をもつ斜面 B を逆向きに置きました。

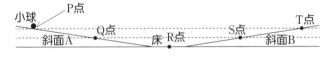

Ⅱ．P 点に小球を置き、静かに手を離したところ、斜面 A 上の Q 点、床上の R 点、斜面 B 上の S 点を通って、P 点と同じ高さの T 点まで上がりました。なお、Q 点と S 点の高さは床から P 点までの高さの半分であるものとします。

(1) 小球が P 点から T 点まで移動する間で、小球がもつ位置エネルギーの大きさが最大となっている点を、図中の P 点、Q 点、R 点、S 点、T 点の中からすべて選びなさい。　　　　　　　　　　[　　　　　]

(2) 小球が P 点から T 点まで移動する間で、小球がもつ運動エネルギーの大きさが最大となっている点を、図中の P 点、Q 点、R 点、S 点、T 点の中から、すべて選びなさい。　　　　　　　　[　　　　　]

得点アップ　仕事〔J〕＝物体に加えた力〔N〕×力の向きに移動した距離〔m〕

5 気体、水溶液

1 次の実験について、あとの問いに答えなさい。〔岐阜―改〕

〔実験1〕図1のように、試験管にアンモニア水約10 cm³と沸騰石を入れ、弱火で加熱し、出てきた気体を乾いた丸底フラスコに集めました。このとき、丸底フラスコの口のところに、水でぬらした赤色リトマス紙を近づけると青くなりました。

〔実験2〕気体を集めた丸底フラスコを用いて図2のような装置をつくり、スポイトの中には水を入れました。スポイトを押して丸底フラスコの中に水を入れると、噴水が見られました。

〔図1〕乾いた丸底フラスコ　沸騰石　水でぬらした赤色リトマス紙　アンモニア水

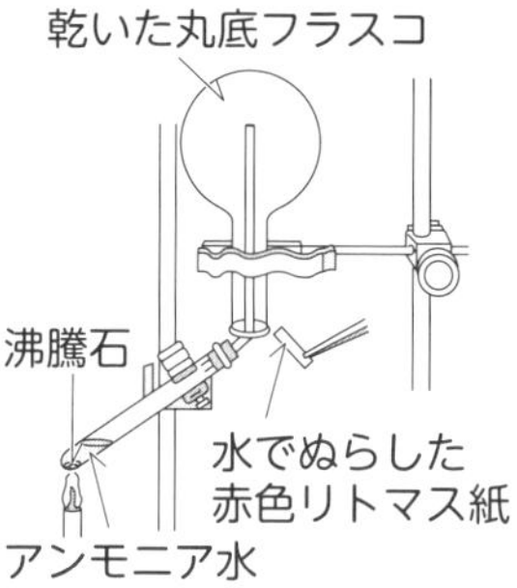

〔図2〕水を入れたスポイト　水　水槽

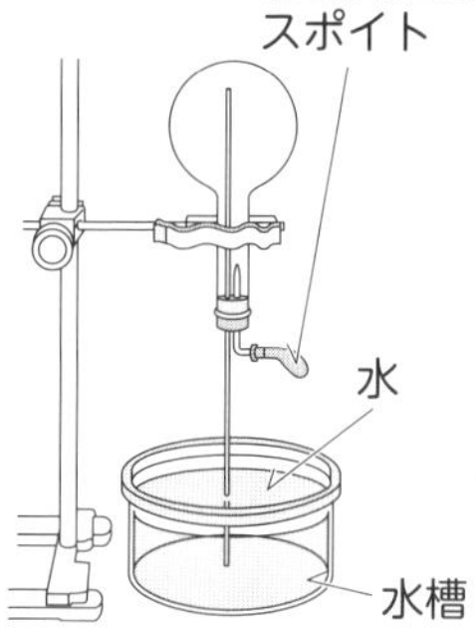

(1) 実験1で赤色リトマス紙を青色に変えた気体の名前を答えなさい。　[　　　　　　　]

(2) 次の文の□□にあてはまる言葉を答えなさい。　①[　　　　　]　②[　　　　　]

　　実験1で集めた気体は、空気より密度が　①　、水に　②　性質をもつため、上方置換法で集める必要がある。

(3) 図2の水槽に、緑色にしたBTB溶液を加えて実験2を行うと、噴水は何色になりますか。　[　　　　　　　]

2 右図は、4種類の物質の溶解度曲線です。これについて、次の問いに答えなさい。〔栃木―改〕

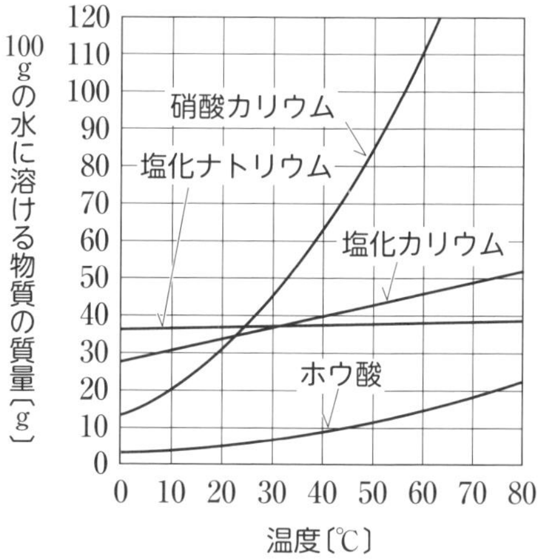

(1) 70 ℃の水100 gに、塩化ナトリウム25 gを溶かした水溶液の質量パーセント濃度は何％ですか。　[　　　　　　　]

(2) 44 ℃の水20 gに、ホウ酸を7 g加えてよくかき混ぜたとき、溶けずに残るホウ酸は何gですか。ただし、44 ℃におけるホウ酸の溶解度は10 gとします。　[　　　　　　　]

(3) 60 ℃の水100 gに、硝酸カリウムと塩化カリウムをそれぞれ溶かして、2種類の飽和水溶液をつくりました。この飽和水溶液を30 ℃に冷却したとき、取り出せる結晶の質量が多いのは硝酸カリウムと塩化カリウムのどちらですか。　[　　　　　　　]

縦軸：100 gの水に溶ける物質の質量〔g〕　硝酸カリウム　塩化ナトリウム　塩化カリウム　ホウ酸　横軸：温度〔℃〕

得点アップ　BTB溶液は、アルカリ性なら青色、中性なら緑色、酸性なら黄色を示す。

6 🧪 物質のすがた、化学変化と質量

1 **次の実験について、あとの問いに答えなさい。**〔新潟−改〕

〔実験〕Ⅰ．水 17.0 cm³ とエタノール 3.0 cm³ の質量を測
定すると、それぞれ 17.00 g、2.37 g でした。

Ⅱ．水 17.0 cm³ とエタノール 3.0 cm³ の混合物を右図
の装置で加熱して、少しずつ気体に変化させました。

Ⅲ．気体が冷やされてガラス管から出てきた液体を、試
験管 A に体積が 3 cm³ になるまで集めました。

Ⅳ．試験管 A を試験管 B と交換してⅢと同様に液体を
集め、さらに試験管 B を試験管 C と交換してⅢと同様に液体を集めました。

Ⅴ．それぞれの試験管に液体が集まり始めたときの、丸底フラスコ内の気体の温度は、
試験管 A が 72 ℃、試験管 B が 86 ℃、試験管 C が 92 ℃ でした。

（1）エタノールの密度は何 g/cm³ ですか。　　　　　　　　　　　[　　　　　　　]

（2）試験管 A 〜 C に 3 cm³ ずつ集めた液体の質量を比較しました。試験管 A に集めた液体
について述べた次の文の □ にあてはまる最も適当な言葉をそれぞれ選びなさい。

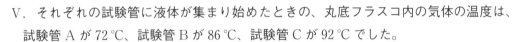

試験管 A の液体には① **ア 水　　イ エタノール** が多く含まれ
ているため、質量が最も② **ウ 大きい　　エ 小さい**。

①[　　　　　　]
②[　　　　　　]

2 **次の実験について、あとの問いに答えなさい。**〔三重−改〕

〔実験〕Ⅰ．1.40 g の銅の粉末をステンレス皿に広げ、ガスバーナーでステンレス皿ごと一
定時間加熱した後、ステンレス皿全体を十分に冷ましてから、電子てんびんでステン
レス皿全体の質量を測定しました。

Ⅱ．測定後、ステンレス皿の中の物質をよく混ぜてから広げて再び加熱し、冷ましてか
ら質量を測定する操作を、質量が増えることなく一定になるまでくり返しました。

Ⅲ．加熱後の物質の質量は、測定したステンレス皿全体の質量からステンレス皿の質量
を引いて求め、結果を表にまとめました。

加熱回数	1回	2回	3回	4回	5回	6回
加熱後の物質の質量〔g〕	1.57	1.67	1.73	1.75	1.75	1.75

（1）銅と酸素が結びついて酸化銅ができる。このとき、銅と酸素の質量の比はどうなります
か。最も簡単な整数の比で表しなさい。　　　　[銅：酸素＝　　　　　　]

（2）銅の粉末の加熱回数が 2 回のとき、加熱後の物質の中に残っている、酸素と結びつかな
かった銅の質量は何 g ですか。　　　　　　　　[　　　　　　　　]

得点アップ　酸化銅の質量＝結びついた銅の質量＋結びついた酸素の質量

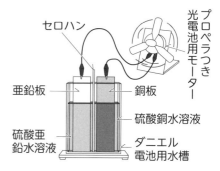

7 水溶液とイオン

目標時間 **10** 分

時間　　　分

解答 ⊕ 別冊 **p.26**

1 次の実験について、あとの問いに答えなさい。

〔長野―改〕

〔実験〕右図のように、マイクロプレートの横の列に
同じ種類の水溶液（すいようえき）を入れ、縦の列に同じ種類の金
属片（へん）を入れて金属片の変化のようすを観察し、結
果を表にまとめました。

（1）表の下線部について、
付着した金属の化学式
を書きなさい。

[　　　　　　]

（2）実験の結果から、亜鉛、
銅、マグネシウムをイ
オンになりやすい順に
左から並べなさい。

[　　　　　　　]

	亜鉛片	銅片	マグネシウム片
硫酸亜鉛水溶液	反応しなかった	反応しなかった	金属が付着した
硫酸銅水溶液	<u>金属が付着した</u>	反応しなかった	金属が付着した
硫酸マグネシウム水溶液	反応しなかった	反応しなかった	反応しなかった

2 次の実験について、あとの問いに答えなさい。〔高知―改〕

〔実験〕Ⅰ．右図のように、ダニエル電池用水槽（すいそう）の内
部をセロハンで仕切り、水槽の一方に硫酸亜鉛
水溶液を、もう一方に硫酸銅水溶液を、水溶液
の液面の高さが同じになるように入れました。

Ⅱ．亜鉛板を硫酸亜鉛水溶液に、銅板を硫酸銅水
溶液にそれぞれ入れ、亜鉛板と銅板をプロペラ
つき光電池用モーターにつなぐと、プロペラが
回転しました。

（1）プロペラが回転しているときに亜鉛板の表面で起こっている化学変化を、化学反応式で
書きなさい。ただし、電子は e^- を使って表すものとします。

[　　　　　　　　　　　　]

（2）亜鉛板と銅板のうち、＋極になるのはどちらですか。[　　　　　]

（3）図のセロハンが果たしている役割を、「イオン」の語を使って、簡潔に書きなさい。

[　　　　　　　　　　　　]

得点アップ　ダニエル電池では、亜鉛板の亜鉛原子が電子を失って亜鉛イオンになる。

46

8 酸・アルカリとイオン

1 **酸とアルカリの反応に関する実験を行いました。あとの問いに答えなさい。**〔富山−改〕

〔図1〕

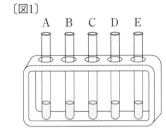

A　B　C　D　E

〔実験〕Ⅰ. 図1のように、試験管 A ～ E にそれぞれ $3.0\ cm^3$ のうすい塩酸を入れました。それぞれの試験管に、少量の緑色の BTB 溶液を入れて振り混ぜました。この結果、すべての試験管の水溶液は黄色になりました。

Ⅱ. 試験管 B ～ E にうすい水酸化ナトリウム水溶液を右の表の体積だけこまごめピペットで加え、振り混ぜました。この結果、試験管 C の水溶液の色は緑色になりました。

Ⅲ. Ⅱの後、試験管 A ～ E の水溶液に小さく切ったマグネシウムリボンを入れました。この結果、いくつかの試験管から気体が発生しました。

試験管	加えた水酸化ナトリウム水溶液の体積〔cm^3〕
A	0
B	1.5
C	3.0
D	4.5
E	6.0

(1) 塩酸に水酸化ナトリウム水溶液を加えたときの反応を、化学反応式で書きなさい。

[　　　　　　　　　　　　　　]

(2) 実験Ⅱの試験管 B ～ E の水溶液中のイオンについて述べた次の文の　①　、　②　にあてはまる適切な言葉を書きなさい。　①[　　　　]　②[　　　　]

> 試験管 B ～ E では、塩酸の水素イオンと、水酸化ナトリウム水溶液の　①　イオンが結びついて、互いの性質を打ち消しあう。この反応を　②　という。

(3) 実験Ⅲで気体が発生する試験管を A ～ E からすべて選びなさい。[　　　　]

(4) 実験と同じ塩酸と水酸化ナトリウム水溶液を使い、$10\ cm^3$ の塩酸を入れたビーカーに、$20\ cm^3$ の水酸化ナトリウム水溶液を少しずつ加えて混ぜ合わせました。図2の破線（………）は、加えた水酸化ナトリウム水溶液の体積と、混ざり合った水溶液中のナトリウムイオンの数の関係を表したグラフです。最初にビーカーに入れた塩酸 $10\ cm^3$ 中の全イオン数（陽イオンと陰イオンの数の合計）を $2n$ 個とすると、ビーカーの水溶液中の全イオン数はどのように変化しますか。グラフに実線（──）でかき入れなさい。

〔図2〕

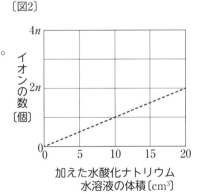

縦軸：イオンの数〔個〕

$4n$

$2n$

横軸：加えた水酸化ナトリウム水溶液の体積〔cm^3〕　0　5　10　15　20

> **得点アップ**　塩酸に水酸化ナトリウムを加えたときにできる塩化ナトリウムは、水溶液中ではイオンになっている。

9 🔬 植物と光合成、感覚器官

解答⊕別冊 **p.27**

1 次の実験について、あとの問いに答えなさい。〔岩手一改〕

〔実験〕Ⅰ．図1のようなふ入りの葉をもつ植物を用意し、暗いところに一晩置きました。

Ⅱ．図2のように、ふ入りの葉の一部をアルミニウムはくで覆い、十分に日光を当てました。このとき、図3のA～Dのように、日光が当たった部分と当たらなかった部分ができました。

Ⅲ．アルミニウムはくを外した図3の葉を、あたためたエタノールにひたして脱色しました。その後、水で洗い、ヨウ素液につけ、葉の色の変化を観察しました。右の表はその結果をまとめたものです。

〔図1〕
ふ

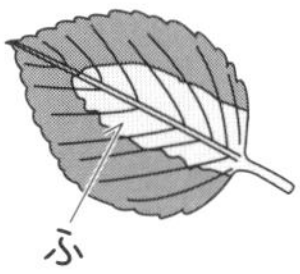

〔図2〕
日光
アルミニウムはく

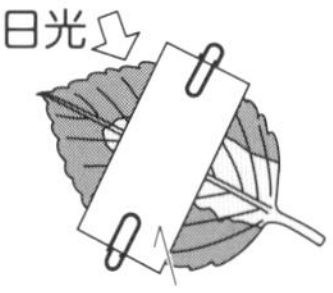

〔図3〕

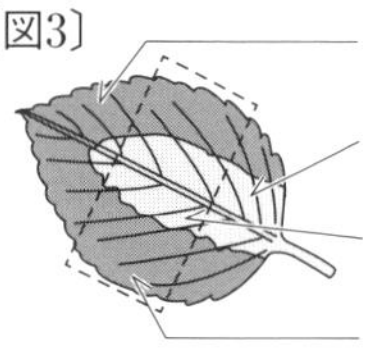

A：日光が当たった緑色の部分
B：日光が当たったふの部分
C：日光が当たらなかったふの部分
D：日光が当たらなかった緑色の部分

(1) 対照実験とはどのような実験か、「条件」という語句を用いて簡単に書きなさい。

[　　　　　　　　　　　　　　　　　　　　　　　　　　]

(2) 次の文は表から明らかになったことについて述べたものです。文中の◻にあてはまるものをA～Dから1つずつ選びなさい。ただし、同じ記号を何度選んでも構いません。　①[　　]　②[　　]　③[　　]　④[　　]

葉の部分	色の変化
A	青紫色になった
B	変化しなかった
C	変化しなかった
D	変化しなかった

　　葉の ① と ② を比べることで、葉の緑色の部分で光合成が行われていることがわかった。また、葉の ③ と ④ を比べることで、光合成を行うためには光が必要だとわかった。

2 次の問いに答えなさい。

(1) 太郎さんは名前を呼ばれたので手をあげました。このときの刺激の信号と命令の信号が伝わる経路として最も適当なものを、次のア～オから1つ選びなさい。　[　　　　]

　　ア　耳→手　　　　イ　耳→脳→手

　　ウ　耳→脊髄→手　　エ　耳→脳→脊髄→手

　　オ　耳→脊髄→脳→手

(2) 耳や目などのように、外界からの刺激を受け取る器官を何といいますか。〔石川〕

[　　　　　　　　　　　　]

⬆ 得点アップ　ヨウ素液はデンプンと反応すると青紫色になる。これをヨウ素デンプン反応という。

10 消化と吸収、呼吸と血液の循環

目標時間 **10** 分

時間　　　　分

解答⊕別冊 **p.27**

1 次の問いに答えなさい。〔山口−改〕

(1) 次の文章が、ヒトの体内でデンプンやタンパク質が分解・吸収される過程や、吸収された栄養分の利用について説明したものとなるように、□に入る適切な語を書きなさい。

① [　　　　　　　] ② [　　　　　　　] ③ [

> デンプンは、アミラーゼや小腸の壁にある消化酵素のはたらきで、最終的にブドウ糖に分解される。また、タンパク質は、ペプシンやトリプシン、小腸の壁にある消化酵素のはたらきで、最終的に ① に分解される。ブドウ糖や ① は、小腸の壁にある柔毛内部の ② に入り、肝臓を通って全身に運ばれる。肝臓に運ばれたブドウ糖の一部は ③ という物質に変えられて貯蔵される。また、体の各部に運ばれた ① は、体をつくるタンパク質の材料に用いられる。

(2) デンプンが分解されると、ブドウ糖が数個つながったものになります。この物質を確認する薬品として適切なものを、次の**ア〜エ**から１つ選びなさい。　　[　　　　　]

ア フェノールフタレイン溶液　**イ** ベネジクト液
ウ 酢酸カーミン液　　　　　　**エ** 石灰水

(3) 柔毛が小腸の壁に多数あると、養分の吸収においてどのような利点がありますか。「表面積」という語句を用いて簡単に書きなさい。

[

]

2 右図はヒトの血液が体内を循環する経路を模式的に表したものです。次の問いに答えなさい。〔宮城−改〕

(1) 図の血管 A を流れる、酸素を多く含む血液を何といいますか。　　　　　　　　　　　　[　　　　　　　]

(2) さまざまな物質を含む血液によって、物質は器官に運ばれます。血液に含まれる物質と器官のはたらきについて述べたものとして、最も適切なものを次の**ア〜エ**から１つ選びなさい。　　　[　　　　　]

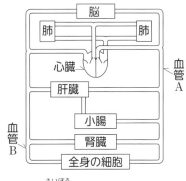

ア 血小板中のヘモグロビンと結びついた酸素は脳に運ばれ、細胞内で使われる。
イ 血液に含まれる二酸化炭素は肝臓に運ばれ、無害なアンモニアに変わる。
ウ 小腸で吸収された食物中の繊維は肝臓に運ばれ、蓄えられる。
エ 尿素などの不要な物質は腎臓に運ばれ、血液中から取り除かれる。

(3) 図の血管 B には、弁があります。この弁のはたらきを簡潔に書きなさい。

[

]

> ↑　消化液中に含まれ、食物の養分を分解するはたらきをもつ物質を消化酵素という。
> 得点アップ

1 タマネギの細胞の観察について、あとの問いに答えなさい。〔三重－改〕

〔観察〕Ⅰ．先端部から5mm切り取ったタマネギの根をスライドガラスにのせて柄つき針で崩し、根にうすい塩酸を1滴落として3分間待ち、ろ紙でうすい塩酸を吸い取りました。

Ⅱ．根に酢酸オルセイン液を1滴落として5分間待ち、カバーガラスをかけてろ紙をのせ、根を押しつぶしてプレパラートをつくりました。

Ⅲ．つくったプレパラートを顕微鏡で観察し、細胞の一部をスケッチすると右図のようになりました。

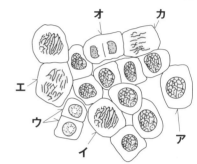

(1) 下線部の操作を行う目的を簡単に説明しなさい。

[　　　　　　　　　　　　　　　　　　　　　　　　　　　　]

(2) 図の**ア〜カ**は、細胞分裂の過程で見られる異なった段階の細胞を示しています。図の**ア〜カ**を細胞分裂の進む順に並べるとどうなりますか。**ア**を最初として、**イ〜カ**の記号を左から並べなさい。　[**ア**→　　　→　　　→　　　→　　　]

2 エンドウの種子の形には、「丸」と「しわ」の2つの形質があります。図1のように、丸い種子をつくる純系のエンドウ（親X）としわのある種子をつくる純系のエンドウ（親Y）をかけあわせると、子はすべて丸い種子（子Z）になることがわかっています。種子にある細胞には、対になる染色体があり、それぞれの染色体には種子の形を決める遺伝子が存在します。次の問いに答えなさい。〔和歌山－改〕

〔図1〕

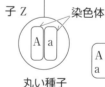

A：種子を丸くする遺伝子
a：種子をしわにする遺伝子

(1) 図1の親Xと親Yの染色体にある、種子の形を決める遺伝子の組み合わせを、Aとaを用いて図2にかき入れなさい。

(2) 下線部について、対立形質をもつ純系どうしをかけあわせたとき、子に現れる形質を何といいますか。

[　　　　　　　　]

〔図2〕

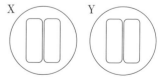

(3) 図1の子Zの種子を育て、自家受粉させたところ、種子が全部で1000個得られました。このとき得られたしわのある種子のおよその数として最も適切なものを、次の**ア〜オ**から1つ選びなさい。　　　　　　　　　　　　　　　[　　　　]

ア　0個　　**イ**　250個　　**ウ**　500個　　**エ**　750個　　**オ**　1000個

得点アップ　エンドウの種子の形の「丸」と「しわ」のように、同時に現れない2つの形質を対立形質という。

12 🔬 生物どうしのつながり

解答 → 別冊 **p.28**

社会
数学
理科
英語
国語

1 図1は、生態系における炭素の循環（じゅんかん）を模式的に表したもので
す。次の問いに答えなさい。〔愛媛－改〕

(1) 草食動物や肉食動物は、生態系におけるはたらきから、生
産者や分解者に対して何とよばれていますか。

［　　　　　　　　　　］

(2) 次の文の□□□の中から、それぞれ適当なものを1つずつ選
びなさい。　①［　　　　　　　］　②［　　　　　　　］

〔図1〕

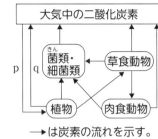

大気中の二酸化炭素

菌類（きん）・細菌類　草食動物

p　q

植物　肉食動物

→は炭素の流れを示す。

> 　植物は、光合成によって、①｜**ア**　有機物を無機物に分解する　　**イ**　無機物から有機
> 物をつくる｜。また、図1のp、qの矢印のうち、光合成による炭素の流れを示すのは、
> ②｜**ウ**　pの矢印　　**エ**　qの矢印｜である。

(3) 図2は、ある生態系で、植物、草食動物、肉食動物の数量的な関
係のつり合いがとれた状態を模式的に表したものであり、K、L
は、それぞれ植物、肉食動物のいずれかです。図2の状態から、
何らかの原因で草食動物の数量が急激に減ったとすると、これに
引き続いてK、Lの数量は、それぞれ一時的にどう変化しますか。
次の**ア**～**エ**から最も適当なものを1つ選びなさい。

［　　　　　　　］

〔図2〕

K
草食動物
L

数量は面積の大小
で示している。

ア　KとLの数量はどちらも減る。　　　**イ**　Kの数量は減り、Lの数量は増える。
ウ　Kの数量は増え、Lの数量は減る。　　**エ**　KとLの数量はどちらも増える。

2 次の実験を行いました。これについて、あとの問いに答えなさい。〔岐阜〕

〔実験〕森林で採取した土100gに、沸騰（ふっとう）させて冷ました水を加えて布でこし、ろ液100 cm³
をビーカーAに入れました。次に、森林で採取した土100gを十分に焼いてから、同様
の操作でろ液100 cm³をビーカーBに入れました。さらに、うすいデンプン溶液（ようえき）をビー
カーA、Bに加え、どちらのビーカーにもふたをして室温で2日間放置した後、ビーカ
ーA、Bにヨウ素液を加えたところ、ビーカーBの液だけが青紫色（あおむらさき）に変化しました。

(1) 実験で、2日間放置した後にデンプンがなくなっていたのは、ビーカーA、Bのどちら
ですか、記号で答えなさい。

［　　　　　　　］

(2) ビーカーAとビーカーBの実験を同時に行った理由を、「ビーカーAの実験だけでは、」
に続けて、「微生物（びせいぶつ）」という語を用いて簡潔に説明しなさい。

［ビーカーAの実験だけでは、　　］

得点アップ

ある生態系での生物の数量を多い順に並べると、植物、草食動物、肉食動物となる。

13 🔆 火山と地震

1 次の調べ学習について、あとの問いに答えなさい。〔滋賀－改〕

〔調べ学習1〕図1は、川で採取した2つの岩石のつくり
をスケッチしたものです。

〔調べ学習2〕図2は、マグマの粘り気（ねば）によって3つに分
類した火山の断面図を模式的に表したものです。

〔図1〕安山岩　　花こう岩

5mm

(1) 図1の安山岩のような岩石のつく
りを斑状組織（はんじょう）といいます。このと
き、Aの部分を何といいますか。

〔図2〕
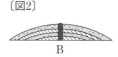
B　　　　　　C　　　　　　D

[　　　　　　　　]

(2) 次の文が、図2のBの火山をつくるマグマの粘り気と噴火（ふんか）活動のようすを説明した文
となるように、☐に入る適当な語をそれぞれ選びなさい。

①[　　　　　　] ②[　　　　　　]

> このような形の火山のマグマの粘り気は①**ア** 強く　**イ** 弱く、噴火活動は②**ウ** 激
> しい爆発をともなう　**エ** 穏やかに溶岩を流し出す ことが多い。

2 次の問いに答えなさい。

(1) マグニチュードについて述べた文として最も適当なものを、次の**ア〜エ**から1つ選びな
さい。〔大分〕　　　　　　　　　　　　　　　　　　　　　　　　[　　　　　　　]
ア 地震（じしん）の規模を表しており、この数値が1大きくなると地震のエネルギーは約32倍
になる。
イ 地震の規模を表しており、この数値が大きいほど初期微動継続時間（しょきびどうけいぞくじかん）は長い。
ウ ある地点での地震による揺（ゆ）れの程度を表しており、この数値が大きいほど震源から
遠い。
エ ある地点での地震による揺れの程度を表しており、震源から遠くなるにつれて小さ
くなる。

(2) 地下のごく浅い場所で発生したある地震を、右の表の地
点A、Bで観測しました。この地震では、地点Aにお
ける初期微動継続時間が10秒であり、地点Bでは午前
9時23分33秒に初期微動が始まりました。地点Bでの
主要動が始まる時刻を求めなさい。ただし、地点A、Bは同じ水平面上にあり、P波
とS波は一定の速さで伝わるものとします。〔愛知〕　　　[　　　　　　　　　]

地点	震源からの距離
A	80 km
B	144 km

得点アップ　初期微動継続時間は震源からの距離（きょり）に比例する。

14 ⚛ 地層のようす

1 図1は、ボーリング調査が行われた地点 A 〜 D とその標高を示す地図で、図2は、地点 A 〜 C の柱状図です。なお、この地域に凝灰岩（ぎょうかい）の層は1つしかなく、地層の上下逆

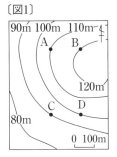

〔図1〕

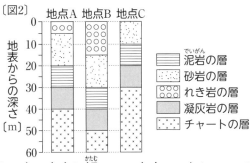

〔図2〕

転や断層は見られず、各層は平行に重なり、ある一定の方向に傾いています。これについて、次の問いに答えなさい。〔栃木〕

(1) 地点 A の砂岩の層からアンモナイトの化石が見つかったことから、この層ができた地質年代を推定できます。このように、地層ができた年代を推定できる化石を何といいますか。　［　　　　　　　　　　　　　　　］

記述

(2) この地域はかつて海の底であったことがわかっています。地点 B の地表から地下 40 m までの層の重なりのようすから、水深はどのように変化したと考えられますか。粒（つぶ）の大きさに着目して、簡単に書きなさい。

［　　　　　　　　　　　　　　　　　　　　　　　　］

(3) 地点 D では凝灰岩の層はどの深さにあると考えられますか。図3に▨のように塗りなさい。

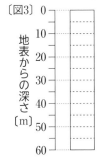

〔図3〕

2 右図は、日本付近のプレートの境界と主な火山の位置を表しています。次の問いに答えなさい。〔和歌山ー改〕

プレートの境界と主な火山

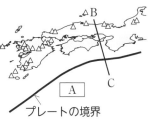

△印は火山の位置を表している。

(1) 図中の A にあてはまる海洋プレートの名前を答えなさい。　［　　　　　　　　　　　　　　　］

(2) 図中の B−C の断面のようすとプレートの動き（➡）、震源（●）の分布を模式的に表した図として最も適切なものを、次の**ア**〜**エ**から1つ選びなさい。　［　　　　　］

ア

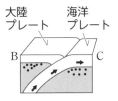

大陸
プレート　　海洋
プレート

イ

大陸
プレート　　海洋
プレート

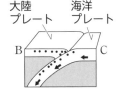

ウ

大陸
プレート　　海洋
プレート

エ

大陸
プレート　　海洋
プレート

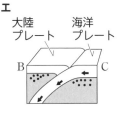

⬆ 得点アップ　日本列島の下では、大陸プレートの下に海洋プレートが沈（しず）み込（こ）んでいる。

15 気象観測と天気の変化

解答⊖別冊 **p.30**

1 地表から 50 m の高さにある気温 20 ℃ の空気が上昇し、地表からの高さが 950 m の地点で雲ができ始めました。右図は、気温と水蒸気量の関係を表したものであり、曲線は 1 m³ の空気が含むことのできる水蒸気の最大量を示しています。この図をもとにして、次の問いに答えなさい。ただし、上昇する空気の温度は、100 m 上昇するごとに 1.0 ℃ 下がるものとし、空気 1 m³ 中に含まれる水蒸気量は、上昇しても変わらないものとします。〔新潟〕

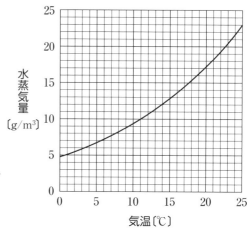

(1) この空気の露点は何 ℃ か、求めなさい。

[　　　　　　　]

(2) この空気が地表から 50 m の高さにあったときの湿度はおよそ何%ですか。最も適当なものを、次の**ア〜オ**から 1 つ選びなさい。

[　　　　　　　]

ア 58 %　　**イ** 62 %　　**ウ** 66 %　　**エ** 70 %　　**オ** 74 %

2 次の文章を読んで、あとの問いに答えなさい。〔長崎−改〕

空気の重さによって生じる a 圧力を気圧といい、気圧の差が生じると、気圧の高いところから低いところへ向かって風が吹きます。例えば、b 海風と陸風や季節風は、陸と海のあたたまり方や冷え方の違いによって気圧の差が生じて吹く風です。

(1) 下線部 a について、図 1 のように面積が 400 cm² の板の上に、質量が 1000 g の物体をのせるとスポンジが沈みました。このとき、板がスポンジに加える圧力は何 Pa ですか。ただし、100 g の物体にはたらく重力の大きさを 1 N とし、スポンジと接する板の面は常に水平を保ち、板の質量は考えないものとします。

[　　　　　　　]

〔図1〕

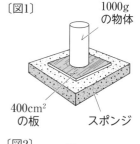

1000g の物体

400cm² の板

スポンジ

(2) 下線部 b について、図 2 を用いて説明した次の文が正しくなるように、□ の中から適当な言葉をそれぞれ選びなさい。

①[　　　] ②[　　　] ③[　　　]

〔図2〕

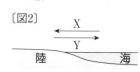

陸　　　　海

① **ア** 陸は海　**イ** 海は陸 よりあたたまりやすいため、昼は② **ウ** X　**エ** Y の向きに③ **オ** 陸風　**カ** 海風 が吹く。

得点アップ　圧力〔Pa または N/m²〕＝力の大きさ〔N〕÷力がはたらく面積〔m²〕

16 太陽系の天体

1 天体の動きについて調べるために、次の観測を行いました。これについて、あとの問いに答えなさい。〔富山〕

〔観測〕日本のある場所で12月1日と3か月後の3月1日に、カシオペヤ座の動きを観測しました。右図の**ア〜シ**の●印は、北極星を中心とし、カシオペヤ座の真ん中にあるガンマ星が通る円の周を12等分する位置を示しています。12月1日19時のガンマ星は**ア**の位置に見えました。

(1) 次の文は、3月1日の観測結果についてまとめたものです。文中の ① 、 ② にあてはまる位置を、図の**ア〜シ**から1つずつ選びなさい。

①〔　　　　　〕②〔　　　　　〕

> 3月1日19時の観測では、ガンマ星は、図の ① の位置に見えました。さらに、この日の23時の観測では、図の ② の位置に見えました。

(2) 赤道上のある場所Pから見える天球上に表したガンマ星の1日の動きとして最も適切なものを、次の**ア〜エ**から1つ選びなさい。〔　　　　　〕

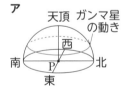 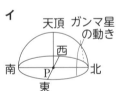 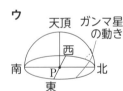 

2 右図は、地球を含めた太陽系のすべての惑星の密度と半径の関係をまとめたものです。次の問いに答えなさい。

〔群馬〕

(1) 図の**ア〜エ**から、木星型惑星を示すものをすべて選びなさい。〔　　　　　〕

(2) 次の文章は、太陽系の天体について述べたものです。 ① 、 ② にあてはまる言葉を、それぞれ答えなさい。

①〔　　　　　〕②〔　　　　　〕

> 太陽のように自ら光を出して輝く天体を ① という。また、太陽系には8つの惑星があり、月のように惑星のまわりを公転する天体を ② という。

※惑星の半径は地球の半径を1とした場合の値である。

得点アップ　北半球で北の空に見える星を観測すると、北極星を中心に反時計回りに回転する。

高校入試模擬テスト

1 光の進み方について調べるために、次の実験を行いました。これについて、あとの問いに答えなさい。(4点×3) 〔新潟〕

〔実験〕右図のように、和美さんは、床に垂直な壁にかけた鏡を用いて、自分の像を観察しました。なお、和美さんの身長は 154 cm、目の位置は床から 142 cm、鏡の縦方向の長さは 52 cm、鏡の下端の位置は床から 90 cm、和美さんと鏡との距離は 100 cm とします。

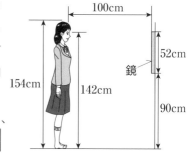

(1) 和美さんから見える自分の像として最も適当なものを、次の**ア**〜**エ**から 1 つ選びなさい。　　　[　　　　]

ア 　**イ** 　**ウ** 　**エ**

(2) 次の文は、和美さんが全身の像を観察するために必要な鏡の長さと、その鏡を設置する位置について述べたものです。文中の ① 、 ② にあてはまる値をそれぞれ求めなさい。ただし、和美さんと鏡の距離は変えないものとします。

①[　　　　]　②[　　　　]

> 全身の像を観察するためには、縦方向の長さが少なくとも ① cm の鏡を用意し、その鏡の下端が床から ② cm の位置になるように設置すればよい。

2 図 1 はカタクチイワシ、図 2 はスルメイカの体の中のつくりをスケッチしたものです。次の問いに答えなさい。

(4点×3) 〔福島〕

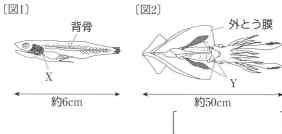

(1) カタクチイワシのように、背骨をもつ動物を何動物といいますか。

[　　　　]

(2) 外とう膜は、筋肉でできた膜であり、内臓の部分を包んでいます。外とう膜をもつ生物を、次の**ア**〜**エ**から 1 つ選びなさい。

[　　　　]

ア クラゲ　**イ** エビ　**ウ** ウニ　**エ** アサリ

(3) 図 1 の X と図 2 の Y について述べた文として最も適当なものを、次の**ア**〜**エ**から 1 つ選びなさい。

[　　　　]

ア X と Y はえらであり、体に二酸化炭素を取り込むはたらきがある。

イ X と Y はえらであり、体に酸素を取り込むはたらきがある。

ウ X と Y は肝臓であり、体に養分を取り込むはたらきがある。

エ X と Y は肝臓であり、体に水分を取り込むはたらきがある。

3 次の実験について、あとの問いに答えなさい。(4点×5)〔岐阜〕

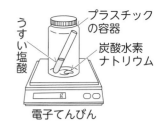

〔実験〕右図のように、プラスチックの容器に炭酸水素ナトリウム 1.50 g と、うすい塩酸 5.0 cm³ を入れた試験管を入れ、ふたをしっかり閉めて容器全体の質量をはかりました。次に、容器を傾けて、炭酸水素ナトリウムとうすい塩酸を混ぜ合わせると、気体が発生しました。気体が発生しなくなってから、容器全体の質量をはかると、混ぜ合わせる前と変わりませんでした。

(1) 実験で発生した気体の名前を答えなさい。 [   ]

(2) 次の化学反応式の□にあてはまる化学式を書き、実験の化学変化を化学反応式で表しなさい。 ①[   ] ②[   ] ③[   ]

$$NaHCO_3 + HCl \longrightarrow \boxed{①} + \boxed{②} + \boxed{③}$$
炭酸水素ナトリウム　塩酸

(3) 実験で、気体が発生しなくなった容器のふたをゆっくり開け、しばらくふたを開けたままにして、もう一度ふたを閉めてから質量をはかると、混ぜ合わせる前に比べてどうなりますか。次の**ア～ウ**から1つ選びなさい。 [   ]

　ア 増加する。　　**イ** 変化しない。　　**ウ** 減少する。

4 図1は、富山県のある場所での3月25日と3月26日の気温・湿度・気圧の変化を表したものです。次の問いに答えなさい。

(4点×6)〔富山－改〕

〔図1〕

(1) 3月25日と3月26日で、9時ごろから18時ごろまでずっと雨が降っていたのはどちらですか。

[   ]

(2) 次の文は、(1)で答えた日について説明したものです。文中の□の中から適切なものをそれぞれ1つずつ選びなさい。 ①[   ] ②[   ] ③[   ]

> 1日中①**ア** 気圧　**イ** 湿度　**ウ** 気温 が高く、飽和水蒸気量に対して実際に空気中に含まれる水蒸気量の割合が②**エ** 大きい　**オ** 小さい 状態であった。そのため、空気中にさらに含むことができる水蒸気量が③**カ** 多かった　**キ** 少なかった ので、洗濯物があまり乾かなかった。

(3) 図2は、3月25日午前9時の天気図です。図中のAとBは、高気圧と低気圧のどちらの中心を表していますか。

A[   ] B[   ]

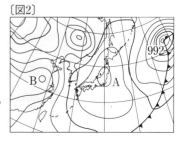

〔図2〕

5 次の実験について、あとの問いに答えなさい。(4点×3)〔愛媛〕

〔実験1〕図1のような装置を用いて、塩化
銅水溶液に一定時間電流を流すと、電極
Mの表面に赤色の銅が付着し、電極N
付近から刺激臭のある気体Xが発生し
ました。

〔実験2〕図2のような装置を用いて、うす
い塩酸に一定時間電流を流すと、気体
Xが実験1と同じ極で発生し、もう一
方の極では気体Yが発生しました。

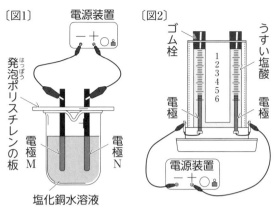

(1) 塩化銅が水に溶けて電離するときに起こる化学変化を、イオンの化学式を用いて化学反
応式で表しなさい。　$\left[\ \mathrm{CuCl_2}\ \longrightarrow\ \right]$

(2) 気体Xの名前を書きなさい。　［　　　　　　　　　］

(3) 気体Yが何であるかを確かめるために行う実験操作として最も適当なものを、次の**ア**
〜**エ**から1つ選びなさい。　［　　　　　　　　　］

　　ア　インクで着色した水に気体Yを通す。

　　イ　石灰水に気体Yを通す。

　　ウ　火のついたマッチを気体Yに近づける。

　　エ　水で湿らせた赤色リトマス紙を気体Yに近づける。

6 ある年の9月21日午後7時ごろ、日本のある場所
で月を観察したところ、満月が見えました。右図は、
地球の北極側から見たときの地球、月、太陽の位置
関係を模式的に表したものです。このことについて、
次の問いに答えなさい。(4点×5)〔新潟−改〕

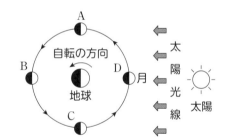

(1) 満月のときの月の位置として適当なものを、図
のA〜Dから1つ選びなさい。　［　　　　　］

(2) 8日後の9月29日に、同じ場所で月を観察したとき、見える月の形の名称として最も
適当なものを、次の**ア**〜**エ**から1つ選びなさい。　［　　　　　　　］

　　ア　満月　　**イ**　下弦の月　　**ウ**　三日月　　**エ**　上弦の月

(3) 次の文は、月の見え方と、その理由を説明したものです。文中の　　の中から適切なも
のをそれぞれ1つずつ選びなさい。　①［　　　　　］　②［　　　　　］

> 　月を毎日同じ時刻に観察すると、日がたつにつれ、月は地球から見える形を変えながら、
> 見える方向を①**ア　東から西　　イ　西から東**へ移していく。これは②**ウ　地球が
> 自転　　エ　月が公転**しているためである。

(4) 月食とは、月が地球の影に入る現象です。月食が起こるのは、地球、月、太陽の位置が
どのようなときか書きなさい。

［　　　　　　　　　　　　　　　　　　　　　　　　　　　　　　　　　　　　　　　］

英語 傾向と対策

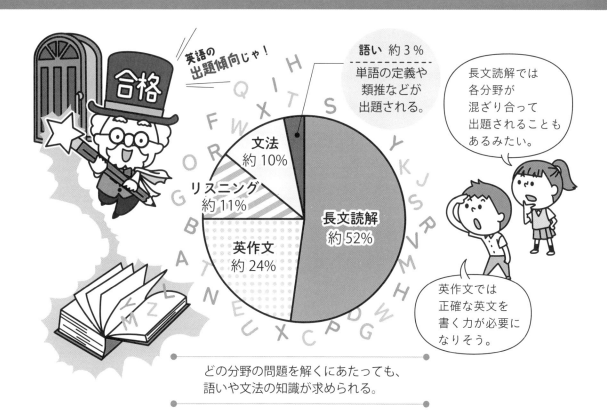

英語の出題傾向じゃ！

語い 約3%
単語の定義や類推などが出題される。

文法 約10%

リスニング 約11%

英作文 約24%

長文読解 約52%

長文読解では各分野が混ざり合って出題されることもあるみたい。

英作文では正確な英文を書く力が必要になりそう。

どの分野の問題を解くにあたっても、語いや文法の知識が求められる。

試験への対策をまとめたので、確認するのじゃ！

🚩 **動名詞・不定詞**

- 文法問題でもっともよく出題される。**動名詞・不定詞の使い分け**や、さまざまな用法について理解しておこう。➡p.64

🚩 **比較**

- 重要表現が多いので注意が必要。**比較の対象を適切に把握する**ことが、読解やリスニングでも重要となる。➡p.65

🚩 **文構造**

- **文型**や**間接疑問文**など、英文の構造や語順を理解する上で重要な単元。整序英作で解答のポイントとなることが多い。➡p.68

🚩 **関係代名詞**

- 長文でよく出てくる。関係代名詞で英文が長くなっていても混乱しないよう、用法を確認しておこう。➡p.70

🚩 **長文読解**

- 各文法項目を確認したら、長文読解の練習もしておこう。1文1文の文構造や意味を理解できているか、確認しておこう。

➡p.72～74

🚩 **解答形式**

- 記述で答える問題の練習もしておこう。➡記述

1 be 動詞・一般動詞

1 次の英文の ( ) 内から最も適するものを選びなさい。

(1) I (am, was, were) a member of a soccer club now.

(2) Kenji and I (was, is, were) not hungry then.

(3) These (am, are, is) his rackets. 〔大阪〕

(4) There (was, are, were) many shops in this town ten years ago.

(5) You should (are, be, were) careful when you go out at night.

2 次の英文の ( ) 内の語を適する形に直しなさい。

(1) She (drink) cold water when she arrived at school. 〔神奈川一改〕　＿＿＿＿＿＿＿

(2) One of my friends (be) in the park now.　＿＿＿＿＿＿＿

(3) Mary (study) Japanese at the library every day.　＿＿＿＿＿＿＿

(4) He (tell) me about it last week. 〔京都一改〕　＿＿＿＿＿＿＿

(5) I (go) to a Japanese restaurant the other day.　＿＿＿＿＿＿＿

3 次の日本文に合うように、( ) 内の語を並べかえなさい。ただし、文頭に来る語も小文字で始まっています。

(1) ユカはこのコンピュータを使いません。
　Yuka (use / does / this / computer / not).
　Yuka ＿＿＿＿＿＿＿＿＿＿＿＿＿＿＿＿＿＿＿＿＿＿＿＿＿＿ .

(2) 私の兄は先週、新しい車を買いました。
　My brother (new / a / bought / car) last week.
　My brother ＿＿＿＿＿＿＿＿＿＿＿＿＿＿＿＿＿＿＿ last week.

(3) 彼は数学がとても得意です。〔沖縄一改〕
　He (is / very / math / at / good).
　He ＿＿＿＿＿＿＿＿＿＿＿＿＿＿＿＿＿＿＿＿＿＿＿＿＿ .

(4) これらの本はあなたのものですか。
　(are / books / yours / these)?
　＿＿＿＿＿＿＿＿＿＿＿＿＿＿＿＿＿＿＿＿＿＿＿＿＿＿＿ ?

得点アップ　〈one of ＋名詞の複数形〉は「〜のうちの1つ」という意味で単数形扱いとなる。

2 進行形・未来表現

1 次の英文の（ ）内から最も適するものを選びなさい。

(1) I think Nana won't come because it's (rain, raining, rained). 〔沖縄-改〕

(2) He (know, knows, is knowing) well about the news.

(3) A lot of people (are, will, were) visit the new museum when it's open.

(4) *A* : Are you using your dictionary now? 〔徳島-改〕

　　B : (Yes, I am., Yes, I can., No, I'm not., No, I can't.) You can use it.

2 次の日本文に合うように、（ ）内の語(句)を並べかえなさい。ただし、文頭に来る語も小文字で始まっています。

(1) 彼はそのとき手紙を書いていませんでした。

He (a letter / writing / not / was) then.

He ＿＿＿＿＿＿＿＿＿＿＿＿＿＿＿＿＿＿＿＿＿＿＿＿＿ then.

(2) 彼女は来週15歳になるのですか。

(old / she / fifteen / be / years / will) next week?

＿＿＿＿＿＿＿＿＿＿＿＿＿＿＿＿＿＿＿＿＿＿＿＿＿ next week?

(3) 昨日、あなたがボブに会ったときあなたは何をしていたのですか。

What (doing / were / when / you) you met Bob yesterday?

What ＿＿＿＿＿＿＿＿＿＿＿＿＿＿＿＿＿＿＿ you met Bob yesterday?

(4) 私は今夜、両親のためにカレーライスを作るつもりです。〔兵庫-改〕

I (going / for / cook / curry and rice / am / to) my parents tonight.

I ＿＿＿＿＿＿＿＿＿＿＿＿＿＿＿＿＿＿＿＿＿ my parents tonight.

3 （ ）内の語(句)を使って、次の日本文を英文に直しなさい。ただし、そのままの形で使うとは限りません。

(1) 彼らはそのときどこで勉強していたのですか。(study, at)

＿＿＿＿＿＿＿＿＿＿＿＿＿＿＿＿＿＿＿＿＿＿＿＿＿＿＿＿＿＿

(2) 私たちは7月に星を見る計画を立てているところです。(look at) 〔埼玉-改〕

＿＿＿＿＿＿＿＿＿＿＿＿＿＿＿＿＿＿＿＿＿＿＿＿＿＿＿＿＿＿

(3) 私は彼女がそれを好むだろうと思います。(think, will) 〔大阪-改〕

＿＿＿＿＿＿＿＿＿＿＿＿＿＿＿＿＿＿＿＿＿＿＿＿＿＿＿＿＿＿

 know(知っている)、like(好き)、want(欲しい)などの状態を表す動詞は進行形にしない。

社会 数学 理科 英語 国語

61

3 疑問詞

1 次の対話が成り立つように、（　）内から最も適するものを選びなさい。

(1) A : (When, What, Where) did you do after dinner yesterday?

　　B : I played video games with my brother. 〔北海道−改〕

(2) A : (What, How, Who) old is your sister?

　　B : She is nine.

(3) A : (What, Whose, Where) did you put your bag?

　　B : I put it under the desk.

(4) A : (When, Who, What) is the Japanese name of this flower?

　　B : We call it *Himawari* in Japanese. 〔愛媛−改〕

(5) A : (Who, Whose, When) bicycle is that?

　　B : I think it's Bob's.

2 正しい英文になるように、（　）内の語(句)を並べかえなさい。ただし、文頭に来る語も小文字で始まっています。

(1) (begin / does / time / what / your school)? 〔富山−改〕

　　_____?

(2) (the weather / how / be / will) tomorrow? 〔高知−改〕

　　_____ tomorrow?

(3) (many / CDs / how / you / do / have)?

　　_____?

(4) (train / goes / which / to) Minami Station?

　　_____ Minami Station?

3 次の日本文に合うように、_____ に適する語を書きなさい。

(1) あなたはどの国に行ってみたいですか。

　　_____ _____ do you _____ _____ go to?

(2) ここから駅まではどれくらいかかりますか。

　　_____ _____ does it _____ from here to the station?

(3) あなたたちはそのとき、何について話していたのですか。〔愛媛−改〕

　　_____ _____ you _____ _____ then?

> **得点アップ**　〈Which＋名詞＋一般動詞 ～？〉の疑問文では、Which＋名詞が主語の働きをしている。

4 🎵 助動詞
can

1 次の2つの英文がほぼ同じ意味になるように、＿＿＿ に適する語を書きなさい。

(1) Let's go hiking next Sunday.

＿＿＿＿＿＿ ＿＿＿＿＿＿ go hiking next Sunday?

(2) I must go home by 5 p.m.

I ＿＿＿＿＿＿ ＿＿＿＿＿＿ go home by 5 p.m.

(3) Mary can play the piano well.

Mary ＿＿＿＿＿＿ ＿＿＿＿＿＿ to play the piano well.

(4) Don't eat any food in the library.

You ＿＿＿＿＿＿ ＿＿＿＿＿＿ eat any food in the library.

2 次の日本文に合うように、＿＿＿ に適する語を書きなさい。

(1) その話は本当ではないかもしれません。

The story ＿＿＿＿＿＿ ＿＿＿＿＿＿ be true.

(2) あの男の人は有名な俳優に違いありません。

That man ＿＿＿＿＿＿ ＿＿＿＿＿＿ a famous actor.

(3) ここで写真を撮ってもいいですか。

＿＿＿＿＿＿ ＿＿＿＿＿＿ take a picture here? 〔大阪－改〕

(4) あなたがそこへ行く必要はありません。

You ＿＿＿＿＿＿ ＿＿＿＿＿＿ to go there.

3 次の対話が成り立つように、＿＿＿ に適する語を書きなさい。

(1) A : I'm not feeling well.　I have a fever.

B : That's too bad.　You ＿＿＿＿＿＿ ＿＿＿＿＿＿ a doctor.

(2) A : ＿＿＿＿＿＿ you go to the supermarket with me now?

B : Sorry, I can't.　I must do my homework. 〔宮城－改〕

(3) A : ＿＿＿＿＿＿ you ＿＿＿＿＿＿ some coffee?

B : No, thank you.　I've just had orange juice.

(4) A : Excuse me.　＿＿＿＿＿＿ I ＿＿＿＿＿＿ you?

B : Oh, yes, please.　I'm looking for Asahi Station. 〔愛知－改〕

↑
得点アップ 「～しなければならない」を2語で表すときは have[has] to ～ を使う。過去形は had to ～ になる。

5 〜ing to〜 動名詞・不定詞

1 正しい英文になるように、（　）内の語(句)を並べかえなさい。

(1) Could you (drink / me / something / to / give)? 〔岩手－改〕

Could you _____ ?

(2) My mother (to / come / me / wants) home early today. 〔栃木〕

My mother _____ home early today.

(3) I started (I / a bike / was / when / riding) in elementary school. 〔埼玉－改〕

I started _____ in elementary school.

(4) I think that it (them / is / to / for / difficult) come to Japan. 〔岡山〕

I think that it _____ come to Japan.

(5) I feel (that / happy / hear / to). 〔大阪－改〕

I feel _____ .

2 次の日本文に合うように、＿＿＿＿ に適する語を書きなさい。

(1) 私たちは放課後に野球をして楽しみました。

We _____ _____ baseball after school.

(2) 人々の前で話すことは、私にとって簡単なことではありません。〔大阪－改〕

_____ in _____ _____ people is not easy for me.

(3) メアリーはどこで野菜を買うべきか知っていますか。

Does Mary know _____ _____ _____ vegetables?

(4) あなたの新しい皿を私に見せてください。〔香川－改〕

_____ _____ _____ your new plate, please.

(5) 彼は私がこわれた自転車を運ぶのを手伝ってくれました。

He _____ _____ _____ my broken bicycle.

3 次の日本文を英文に直しなさい。

(1) 父は私に、トムを手伝うように頼みました。

_____

(2) 私は３年前にその手紙を書いたことを忘れました。

_____

〈help＋人＋動詞の原形〉「人が〜するのを手伝う」、〈let＋人＋動詞の原形〉「人に〜させる」となる。

6 比 較

1 次の英文の（　）内の語を、必要があれば適する形に直しなさい。

(1) I think it's (warm) than yesterday. 〔沖縄－改〕 　＿＿＿＿＿＿＿＿＿

(2) Reading English is much (easy) for me than writing it. 　＿＿＿＿＿＿＿＿＿

(3) Mt. Fuji is the (high) mountain in Japan. 〔大阪－改〕 　＿＿＿＿＿＿＿＿＿

(4) It rains the (much) in September in Hokkaido. 〔北海道－改〕 　＿＿＿＿＿＿＿＿＿

(5) Nothing is as (important) as health. 　＿＿＿＿＿＿＿＿＿

2 正しい英文になるように、（　）内の語を並べかえなさい。

(1) This is (interesting / most / movie / the / that) I have ever watched.

〔栃木－改〕

This is ＿＿＿＿＿＿＿＿＿＿＿＿＿＿＿＿＿＿＿＿＿＿ I have ever watched.

(2) I (as / as / cannot / well / sing) you. 〔富山－改〕

I ＿＿＿＿＿＿＿＿＿＿＿＿＿＿＿＿＿＿＿＿＿＿＿＿＿＿ you.

(3) He is (the / one / most / popular / of) singers in the world.

He is ＿＿＿＿＿＿＿＿＿＿＿＿＿＿＿＿＿＿＿＿＿ singers in the world.

3 次の2つの英文がほぼ同じ意味になるように、＿＿＿ に適する語を書きなさい。

(1) Jack is the best player in the soccer club.

Jack is ＿＿＿＿＿＿ ＿＿＿＿＿＿ any ＿＿＿＿＿＿ player in the soccer club.

(2) *Asukadera* is the oldest temple in Japan.

＿＿＿＿＿＿ ＿＿＿＿＿＿ temple in Japan is ＿＿＿＿＿＿ ＿＿＿＿＿＿ as

Asukadera.

4 次の日本文に合うように、＿＿＿ に適する語を書きなさい。

(1) このかばんは、あのかばんの3倍の重さです。

This bag is ＿＿＿＿＿＿ ＿＿＿＿＿＿ ＿＿＿＿＿＿ heavy ＿＿＿＿＿＿ that one.

(2) できるだけすぐに私に電話をするようジムに伝えてください。

Please tell Jim to call me ＿＿＿＿＿＿ ＿＿＿＿＿＿ ＿＿＿＿＿＿ ＿＿＿＿＿＿ .

(3) 6歳未満の子どもは無料で参加できます。

Children ＿＿＿＿＿＿ ＿＿＿＿＿＿ six years old can join for free.

得点アップ 〈as 〜 as possible〉で「できるだけ〜」。〈as 〜 as＋主語＋can〉でも同じ意味になる。

7 受け身

1 次の英文の（　）内の語を適する形に直しなさい。ただし、1 語とは限りません。

(1) This big animal with a long nose is (call) *zou* in Japanese.　＿＿＿＿＿＿＿

(2) Do you know what language is (speak) in Brazil?　＿＿＿＿＿＿＿

(3) Her birthday party will (hold) next month.〔大阪—改〕　＿＿＿＿＿＿＿

(4) The roof of my house was (cover) with fallen leaves.　＿＿＿＿＿＿＿

2 正しい英文になるように、（　）内の語(句)を並べかえなさい。

(1) Was (your mother / this / made / cake / by)?

Was ＿＿＿＿＿＿＿＿＿＿＿＿＿＿＿＿＿＿＿＿＿＿＿＿＿ ?

(2) He (by / people / respected / is) around him.〔新潟—改〕

He ＿＿＿＿＿＿＿＿＿＿＿＿＿＿＿＿＿＿＿ around him.

(3) The book (written / is / not / in) English.

The book ＿＿＿＿＿＿＿＿＿＿＿＿＿＿＿＿＿ English.

(4) This chair (of / made / wood / is).

This chair ＿＿＿＿＿＿＿＿＿＿＿＿＿＿＿＿＿＿＿＿ .

3 次の日本文に合うように、＿＿＿＿ に適する語を書きなさい。

(1) 彼は偉大な医者として知られています。〔山口—改〕

He is ＿＿＿＿＿＿ ＿＿＿＿＿＿ a great doctor.

(2) その塔は私の町からは見ることができません。

The tower ＿＿＿＿＿＿ ＿＿＿＿＿＿ ＿＿＿＿＿＿ from my town.

(3) 彼女は 1960 年にパリで生まれました。

She ＿＿＿＿＿＿ ＿＿＿＿＿＿ ＿＿＿＿＿＿ Paris in 1960.

記述 **4** 次の日本文を英文に直しなさい。

(1) その机は私の弟によって使われるに違いありません。

＿＿＿＿＿＿＿＿＿＿＿＿＿＿＿＿＿＿＿＿＿＿＿＿＿＿＿＿

(2) その歌はたくさんの人々によって歌われています。

＿＿＿＿＿＿＿＿＿＿＿＿＿＿＿＿＿＿＿＿＿＿＿＿＿＿＿＿

得点アップ　助動詞を含む文の受け身は〈助動詞＋be＋過去分詞〉で表す。

8 🏠 現在完了

1 次の対話が成り立つように、（　）内から最も適するものを選びなさい。〔岩手〕

A：Do you know where Mary is?

B：Yes. She's at home. She didn't come to school today.

A：What happened?

B：She (didn't have, has been, isn't feeling, was felt) sick since last week.
　 I hope she'll come to school tomorrow.

2 次の英文の（　）内から最も適するものを選びなさい。

(1) I have been reading this book (at, before, for, since) 10 o'clock this morning. 〔神奈川〕

(2) I have (meet, met, meeting) many people in my life. 〔京都－改〕

(3) Have you ever (eat, ate, eaten, eating) *ozoni*? 〔山口－改〕

3 次の日本文に合うように、＿＿＿＿ に適する語を書きなさい。

(1) 私はその言葉を一度も聞いたことがありません。〔大阪－改〕

I ＿＿＿＿＿＿ ＿＿＿＿＿＿ ＿＿＿＿＿＿ the word.

(2) あなたは何回ブラジルに行ったことがありますか。

How ＿＿＿＿＿＿ ＿＿＿＿＿＿ ＿＿＿＿＿＿ you ＿＿＿＿＿＿ to Brazil?

4 次の対話が成り立つように、（　）内の語を並べかえなさい。〔愛媛〕

A：What (you / looking / have / been) for since this morning?

What ＿＿＿＿＿＿＿＿＿＿＿＿＿＿＿＿＿＿＿＿＿＿ for since this morning?

B：My dictionary. My father bought it for me.

 5 次の日本文を英文に直しなさい。

(1) 私は今朝起きてからずっと日本語を勉強しています。

＿＿＿＿＿＿＿＿＿＿＿＿＿＿＿＿＿＿＿＿＿＿＿＿＿＿＿＿＿

(2) 私はまだ祖母に手紙を書いていません。

＿＿＿＿＿＿＿＿＿＿＿＿＿＿＿＿＿＿＿＿＿＿＿＿＿＿＿＿＿

⬆ 得点アップ 　動作の継続を表すときは現在完了進行形を使うことが多い。

1 次の2つの英文がほぼ同じ意味になるように、_____ に適する語を書きなさい。

(1) My sister gave me a nice bag as a birthday present.

My sister gave a nice bag _____ _____ as a birthday present.

(2) Last night I made my parents curry and rice.

Last night I made curry and rice _____ _____ _____ .

(3) He always feels happy when he listens to the song.

The song always _____ _____ _____ .

2 正しい英文になるように、( )内の語(句)を並べかえなさい。

(1) I want to know (takes / many / hours / it / to / go / how) to London by plane. 〔大阪―改〕

I want to know _____ to London by plane.

(2) A : I heard you went to the zoo. Did you see the baby lion?

B : Yes. I'll show (it / you / some / of / pictures). 〔岐阜―改〕

I'll show _____ .

(3) I (am / that / it / rain / afraid / will) tomorrow.

I _____ tomorrow.

(4) I'm (glad / all / to / that / your neighbors / hear) are kind to you. 〔大阪―改〕

I'm _____ are kind to you.

3 次の日本文に合うように、_____ に適する語を書きなさい。

(1) 私は彼が何を言っているのか理解できませんでした。

I couldn't understand _____ he _____ _____ .

(2) 私の英語の先生は、本をたくさん読むべきだと私たちに教えてくれました。

My English teacher _____ _____ that we _____ read a lot.

(3) 彼は好きな野球選手にちなんで、彼の犬をショーと名づけました。

He _____ _____ _____ Sho after his favorite baseball player.

4 次の日本文を英文に直しなさい。

私は異文化を理解することは大切だと思います。〔三重―改〕

_____

〈SVO＋to/for＋人〉to をとる動詞：give, show, send など／for をとる動詞：make, buy, cook など

10 〜ing 分　詞

1 次の英文の（　）内の語を適する形に直しなさい。

(1) I have a (boil) egg for breakfast every day.

(2) Who is the man (play) the guitar on the bench? 〔沖縄－改〕

(3) I will go (ski) with my family next winter.

(4) Many islands (see) from the mountain are so beautiful. 〔愛媛－改〕

2 次の英文の（　）内から最も適するものを選びなさい。

(1) The boy (sits, sat, sitting) on that chair is my friend. 〔大阪〕

(2) The car which he bought yesterday was a (use, using, used) car.

(3) Please be careful of (break, breaking, broken) windows.

(4) Do you know the language (speak, speaking, spoken) in Peru?

3 次の2つの英文がほぼ同じ意味になるように、＿＿＿ に適する語を書きなさい。

(1) Look at the dog that is running across the street.
Look at the dog ＿＿＿＿＿ ＿＿＿＿＿ the street.

(2) This is the book read by many young people nowadays.
This is the book ＿＿＿＿＿ ＿＿＿＿＿ ＿＿＿＿＿ by many young people nowadays.

4 正しい英文になるように、（　）内の語(句)を並べかえなさい。

(1) *Yuki*：Mary, what are you doing here?
Mary：I'm (at / boy / looking / playing / the) soccer over there. 〔岐阜－改〕
I'm ＿＿＿＿＿＿＿＿＿＿＿＿＿＿＿＿＿ soccer over there.

(2) The officer (will / you / show / standing / there) which way to go. 〔大阪－改〕
The officer ＿＿＿＿＿＿＿＿＿＿＿＿＿＿＿ which way to go.

(3) She is (loved / a teacher / by / students / many).
She is ＿＿＿＿＿＿＿＿＿＿＿＿＿＿＿＿＿ .

(4) The idea (our group / shared / in / sounds) wonderful. 〔大阪－改〕
The idea ＿＿＿＿＿＿＿＿＿＿＿＿＿＿＿ wonderful.

得点アップ　名詞を修飾しているとき、現在分詞は進行形で、過去分詞は受け身で、それぞれ書きかえができる。

11 👤who~ 関係代名詞

1 次の英文の（ ）内から最も適するものを選びなさい。

(1) I have a friend (which, this, who) speaks English very well. 〔沖縄－改〕

(2) Tom knows many good restaurants (which, some, who) are popular in this town.

(3) This is a camera (what, that, who) my brother gave me.

2 次の日本文に合うように、（ ）内の語(句)を並べかえなさい。

(1) これは私の祖母が私の母のために買った着物です。
This (is / bought / my grandmother / the *kimono*) for my mother. 〔静岡－改〕
This _____ for my mother.

(2) 私はとても速く走ることができる女性を知っています。
I know (who / a woman / run / can) very fast. 〔大阪－改〕
I know _____ very fast.

(3) 私は彼が作るカレーが好きです。
I like (makes / he / curry / the). 〔大阪－改〕
I like _____ .

(4) 多くの人に愛されているサッカー選手が日本に来ました。
The soccer player (is / by / many / loved / people / came / who) to Japan. 〔大阪－改〕
The soccer player _____ to Japan.

(5) 私たちがその場所を訪れることでだけ感じることができるたくさんのことがあります。
There are many (that / can / we / things / feel) only by visiting the place.
〔大阪〕
There are many _____ only by visiting the place.

3 次の日本文に合うように、_____ に適する語を書きなさい。

(1) これは私が今まで聞いた中で最も驚くべき知らせです。
This is the most surprising news I _____ _____ _____ .

(2) 彼らはファッションに興味のある学生を歓迎します。〔兵庫－改〕
They welcome students _____ _____ _____ in fashion.

得点アップ　目的格の関係代名詞は省略できる。This is a camera (that) my brother gave me.

12 🗣 仮定法

解答 ➔ 別冊 p.38

1 次の日本文に合うように、＿＿＿に適する語を書きなさい。

(1) もし時間が十分にあれば、私は海外に行けるのに。

If I ＿＿＿＿＿ enough time, I ＿＿＿＿＿ go abroad.

(2) もし私があなたならば、そんなことはしないでしょうに。〔大阪―改〕

If I ＿＿＿＿＿ you, I ＿＿＿＿＿ do such a thing.

(3) 私は全ての漢字の文字を読むことができたらいいのに。〔茨城―改〕

I ＿＿＿＿＿ I could read all the *kanji* characters.　注 character(s) 文字

(4) もしたくさんお金があったら、あなたは何をしますか。

If you ＿＿＿＿＿ much money, ＿＿＿＿＿ ＿＿＿＿＿ you do?

2 次の文が仮定法の文になるように、＿＿＿に適する語を書きなさい。

(1) We can't go to the zoo because my sister doesn't feel fine.

If my sister ＿＿＿＿＿ ＿＿＿＿＿, we ＿＿＿＿＿ go to the zoo.

(2) I'm sorry that he is not my teacher.

I wish ＿＿＿＿＿ ＿＿＿＿＿ my teacher.

3 正しい英文になるように、( )内の語(句)を並べかえなさい。

(1) I (Hyogo / I / in / lived / wish).〔富山―改〕

I ＿＿＿＿＿＿＿＿＿＿＿＿＿＿＿＿＿＿＿＿＿ .

(2) If (good / math / I / were / at), I could teach it to you.

If ＿＿＿＿＿＿＿＿＿＿＿＿＿＿＿＿＿＿ , I could teach it to you.

(3) I (as / wish / could / well / play / the guitar / I) as my brother.

I ＿＿＿＿＿＿＿＿＿＿＿＿＿＿＿＿＿＿ as my brother.

4 次の日本文を英文に直しなさい。

(1) もし今日が晴れなら、私たちはサッカーができるのに。

＿＿＿＿＿＿＿＿＿＿＿＿＿＿＿＿＿＿＿＿＿＿＿＿＿

(2) 犬を飼えればいいのになあ。

＿＿＿＿＿＿＿＿＿＿＿＿＿＿＿＿＿＿＿＿＿＿＿＿＿

得点アップ　仮定法の文の中では、現在のことを言う場合でも、動詞や助動詞が過去形となることに注意。

高校入試模擬テスト

1 次の(1)、(2)の絵において、2人の対話が成り立つように、質問に対する答えを、主語と動詞を含む英文1文でそれぞれ自由に書きなさい。(8点×2)〔北海道〕

(1)

What fruit do you like?

(2)

What subject did you study last night?

2 次の英文は、グリーン先生から英語部の部員への連絡です。英文の□□に入る最も適切なものを、ア〜エから1つ選びなさい。(6点)〔岐阜〕

> Next Thursday is Mike's birthday. I think it will be great to hold a party. He likes music, □□ for Mike. Tomorrow let's talk about what Japanese songs we will sing at the party. Please come to the music room at 4 p.m.

ア　but I don't want to sing Japanese songs
イ　but I would like him to sing Japanese songs
ウ　so I want to sing Japanese songs with you
エ　so I think we should give flowers

3 数学のテストを終えた賢人(Kento)と留学生のナンシー(Nancy)が教室で話しています。2人の対話が成り立つように、下線部①〜③までのそれぞれの（　　）内に最も適当な語を入れて、英文を完成させなさい。ただし、（　　）内に示されている文字で始まる語を解答すること。(8点×3)〔愛知〕

Kento : Oh, no. I don't know what to do.
Nancy : ①Kento, you (l　　　　　　　) (s　　　　　　　) nervous.
Kento : Well, Nancy, the math test was very difficult. I'm disappointed in myself.
Nancy : You prepared for the test yesterday, didn't you?
Kento : No. ②I (m　　　　　　) math for English (l　　　　　　) night.
　　　　So I studied English, not math.
Nancy : I see. You should forget the past, and do your best for tomorrow.
Kento : ③Thank you (f　　　　　　) your (a　　　　　　).
注 be disappointed in 〜　〜にがっかりしている

4 次の英文中の下線部(1)～(6)に当てはまる語として、あとのア～エのうち、最も適するものをそれぞれ選びなさい。(3点×6)〔栃木〕

Hello, everyone. Do you like (1)_____ movies? Me? Yes, I (2)_____. I'll introduce my favorite movie. It is "The Traveling of the Amazing Girl." The story is (3)_____ a girl who travels through time. Some troubles happen, but she can solve (4)_____. The story is (5)_____, and the music is also exciting. The movie was made a long time ago, but even now it is very popular. It is a great movie. If you were the girl, what (6)_____ you do?

(1) ア watch　　イ watches　　ウ watching　　エ watched
(2) ア am　　　イ do　　　　ウ is　　　　　エ does
(3) ア about　　イ in　　　　ウ to　　　　　エ with
(4) ア they　　　イ their　　　ウ them　　　　エ theirs
(5) ア empty　　イ fantastic　ウ narrow　　　エ terrible
(6) ア can　　　イ may　　　　ウ must　　　　エ would

5 次の表は、あるクラスの生徒の通学方法と通学時間別の人数を示したものです。このクラスの陽太(Yota)さんと ALT のジャック(Jack)先生が、この表について話をしています。下の対話が完成するように、(①)、(②)に当てはまる数字をそれぞれ書きなさい。

(5点×2)〔富山〕

How＼How Long	～ 9 minutes	10 ～ 19 minutes	20 ～ 29 minutes	30 minutes ～
Walk	8	9	4	0
Bike	2	7	3	1
Bus	0	3	1	2

Jack : More than ten students come to school by bike but only (①) students come by bus.

Yota : I walk to school. It takes fifteen minutes.

Jack : I see. It takes longer than fifteen minutes to come to school for some students.

Yota : In this class, it takes twenty minutes or more to come to school for (②) students, and for three of them, it takes thirty minutes or more.

(①)_____　(②)_____

6 エドワード（Edward）はニュージーランドからの留学生です。彼が英語の授業で行った自動販売機（vending machine）に関するスピーチの原稿を読んで、あとの問いに答えなさい。

〔大阪〕

Hello, everyone. Today, I'm going to talk about vending machines. There are many vending machines in Japan. I became interested (①) them. When did people use a vending machine for the first time around the world? The oldest vending machine was used about 2,200 years ago. In front of a temple in Egypt, people could buy water from the machine. People made and used a machine such a long time ago!

Last week, I saw an interesting vending machine at a station. It was a vending machine for selling fresh fruit. I was surprised to see it. I bought two fresh apples and ate Ⓐthem with my host family at home. They were delicious. I didn't imagine we could buy fresh fruit from a vending machine. On that day, I (②) my host family about vending machines in Japan. I found many good points about them. When it is dark at night, some vending machines work as lights. They can help people feel safe at dark places. Some vending machines keep working when a disaster like an earthquake happens. People can get necessary things from the vending machines, for example, drinks.

I think vending machines help people in many ways. Thank you for listening.

注 Egypt エジプト

(1) 次のうち、本文中の（ ① ）に入れるのに最も適しているものを 1 つ選びなさい。(5点)

　ア　at　　イ　before　　ウ　for　　エ　in

(2) 本文中のⒶthem の表している内容に当たるものとして、最も適しているひとつづきの英語 3 語を、本文中から抜き出して書きなさい。(8点)

(3) 次のうち、本文中の（ ② ）に入れるのに最も適しているものを 1 つ選びなさい。(5点)

　ア　ask　　イ　asks　　ウ　asked　　エ　asking

(4) 次のうち、本文で述べられている内容と合うものはどれですか。1 つ選びなさい。(8点)

　ア　エドワードは、最古の自動販売機は駅で水を売るために使われていたということを紹介した。

　イ　エドワードは、先週、新鮮な果物を売っている自動販売機を見ても驚かなかった。

　ウ　エドワードは、暗い場所で人々の助けになる自動販売機もあるとわかった。

　エ　エドワードは、地震などの災害時、どの自動販売機からも必要なものは手に入れられないと知った。

2 次の古文を読んで、あとの問いに答えなさい。

〔千葉〕

　これも今は昔、ある僧、人のもとへ行きけり。酒など勧めけるに、①氷魚はじめて出で来たりければ、あるじ珍しく思ひて、もてなしけり。初物として出回り始めたので、あるじ用の事ありて、内へ入りて、また出でたりけるに、この氷魚の殊の外に少なくなりたりければ、あるじ、②いかにと思へども、いふべきやうもなかりければ、物語しゐたりける程に、この僧の鼻より氷魚の一つふと出でたりければ、あるじあやしう覚えて、「その鼻より氷魚の出でたるは、いかなる事にか」といひければ、取りもあへず、「このごろの氷魚は目鼻より降り候ふなるぞ」といひたりければ、人皆、「は」と笑ひけり。

（「宇治拾遺物語」）

*氷魚…アユの稚魚。色は半透明で、体長三センチメートル程度。

(1) ──線部①「あやしう」を現代仮名遣いに直し、ひらがなで答えなさい。（5点）

［　　　　　］

(2) ──線部①「酒など勧めけるに」の主語にあたるものとして最も適切なものをあとから選び、記号で答えなさい。（5点）

［　　　　　］

　ア　あるじ　　イ　ある僧
　ウ　氷魚　　　エ　作者

(3) ──線部②「いかに」とあるじが思ったのはなぜか。「氷魚が」に続く形で、二十字以上二十五字以内で答えなさい。（15点）

---

3 次の俳句について、表現されている季節がほかの三つと異なるものを選び、記号で答えなさい。（5点）〔埼玉'23〕

氷魚が

［　　　　　］

　ア　夏草や兵どもが夢の跡
　イ　荒海や佐渡によこたふ天の河
　ウ　五月雨をあつめて早し最上川
　エ　閑かさや岩にしみ入る蝉の声

4 次の──線部のカタカナを漢字に直したとき、ほかと異なる漢字になるものを選び、記号で答えなさい。（5点）〔山口〕

［　　　　　］

　ア　タイ器晩成　　イ　タイ願成就
　ウ　タイ義名分　　エ　タイ然自若

5 次の文中から、動詞をそのまま抜き出して答えなさい。また、この場合の活用形も答えなさい。（5点×2）〔岐阜―改〕

・質問に怒りは感じられなかった。

動詞［　　　　　］　活用形［　　　　　］形

6 次の文の──線部「ない」と同じ用法のものをあとから選び、記号で答えなさい。（5点）〔滋賀〕

・遠すぎて見えない。

［　　　　　］

　ア　映画の終わり方が切ない。
　イ　今日は、あまり寒くない。
　ウ　どんなことがあっても笑わない。
　エ　高い建物がない。

うな環境ではなかったのです。しかし、敗者たちはその逆境を乗り越えて、川に暮らす淡水魚へと進化をしました。

しかし、川に暮らす魚が増えてくると、そこでも激しい生存競争が行われます。戦いに敗れた敗者たちは、水たまりのような浅瀬へと追いやられていきました。そして、敗者たちは進化をします。ついに陸上へと進出し、両生類へと進化をするのです。水たまりに追い立てられ、傷つき、強く手足を動かし陸地に上がっていく両生類は、未知のフロンティアを目指す闘志にみなぎっています。しかし最初に上陸を果たした両生類は、 b 勇気あるヒーローではありません。追い立てられ、傷つき、負け続け、それでも「ナンバー1になれるオンリー1のポジション」を探した末にたどりついた場所なのです。

（稲垣栄洋「はずれ者が進化をつくる　生き物をめぐる個性の秘密」）

(1) 本文中の a ・ b に入る言葉の組み合わせとして最も適切なものをあとから選び、記号で答えなさい。　（10点）
[　　　]

- **ア** a やはり　　b あたかも
- **イ** a もちろん　b けっして
- **ウ** a たとえば　b ちょうど
- **エ** a つまり　　b ほとんど

(2) 次の文は──線部について説明したものである。 A には本文中から最も適切な六字の言葉を抜き出して答え、 B には二十字以内の言葉を考えて答えなさい。　（A10点・B15点）

進化の歴史の中で、各々の生物たちが戦って、 A を見つけるたびに変わり続けた結果行き着いた、 B 自分だけの場所。

(3) 次の**ア〜エ**は、生物の進化について四人の中学生が考えたものである。本文全体を通して述べられた筆者の考えに最も近いものを選び、記号で答えなさい。　（15点）
[　　　]

- **ア** 昆虫Aは、黄色い花や白い花に集まりやすいという性質を持っていましたが、主に生息している場所の白い花が全て枯れてしまったため、黄色い花だけに集まるようになりました。

- **イ** 魚Bは、生まれつき寒さに強いという性質を生かし、気候変動によって水温の低くなった川に棲み続けたところ、他の魚たちがいなくなって食物を独占できたので、巨大化しました。

- **ウ** 鳥Cは、自分を襲う動物が存在しない島に棲んでいたために飛んで逃げる必要がない上、海に潜る力を持っていたことで食物を地上でとらなくてよかったので、飛ばなくなりました。

- **エ** 植物Dは、草丈が低いため、日光を遮る植物がいない場所で生きようとしたところ、そこは生物が多く行き交う場所だったので、踏まれても耐えられる葉や茎を持つようになりました。

A [　　　　　　　]

B [　　　　　　　　　　　]

社会　数学　理科　英語　**国語**

76

1 次の文章を読んで、あとの問いに答えなさい。〔鹿児島〕

生物も、「戦わない戦略」を基本戦略としています。自然界では、激しい生存競争が繰り広げられます。生物の進化の中で、生物たちは戦い続けました。そして、各々の生物たちは、進化の歴史の中でナンバー1になれるオンリー1のポジションを見出しました。そして、「できるだけ戦わない」という境地と地位にたどりついたのです。

ナンバー1になれるオンリー1のポジションを見つけるためには、若い皆さんは戦ってもいいのです。そして、負けてもいいのです。たくさんのチャレンジをしていけば、たくさんの勝てない場所が見つかります。こうしてナンバー1になれない場所を見つけていくことが、最後にはナンバー1になれる場所を絞り込んでいくことになるのです。ナンバー1になれるオンリー1のポジションを見つけるために、負けるということです。

学校では、たくさんの科目を学びます。得意な科目も、苦手な科目もあることでしょう。得意な科目の中に苦手な単元があるかもしれませんし、苦手科目だからと言ってすべてが苦手なわけではなく、中には得意な単元が見つかるかもしれません。学校でさまざまなことを勉強するのは、多くのことにチャレンジするためでもあるのです。

苦手なところで勝負する必要はありません。嫌なら逃げてもいいのです。しかし、無限の可能性のある若い皆さんは、簡単に苦手だと判断しないほうが良いかもしれません。

リスは、木をすばやく駆け上がります。しかし、リスの仲間のモモンガは、リスに比べると木登りが上手とは言えません。ゆっくりゆっ

くりと上がっていきます。しかし、モモンガは、木の上から見事に滑空することができます。木に登ることをあきらめてしまっては、空を飛べることに気がつかなかったかもしれません。

人間でも同じです。小学校では、算数は計算問題が主です。しかし、中学や高校に行って習う数学は、難しいパズルを解くような面白さもあります。大学に行って数学を勉強すると、数字で表現し始めます。計算問題が面倒くさいというだけで、「苦手」と決めつけてしまえないような世界を、数字で表現し始めます。計算問題が面倒くさいというだけで、「苦手」と決めつけてしまうと、数学の本当の面白さに出会うことはないかもしれません。勉強は得意なことを探すことでもあります。苦手なことを無理してやる必要はありません。最後は、得意なところで勝負すればいいのです。しかし、得意なことを探すためには、すぐに苦手と決めて捨ててしまわないことが大切なのです。

勝者は戦い方を変えません。その戦い方で勝ったのですから、戦い方を変えないほうが良いのです。負けたほうは、戦い方を考えます。そして、工夫に工夫を重ねます。負けることは、「考えること」です。そして、「変わること」につながるのです。負け続けるということは、変わり続けることでもあります。生物の進化を見ても、そうです。劇的な変化は、常に敗者によってもたらされてきました。

古代の海では、魚類の間で激しい生存競争が繰り広げられたとき、戦いに敗れた敗者たちは、他の魚たちのいない川という環境に逃げ延びました。 [a] 、他の魚たちが川にいなかったのには理由があります。海水で進化をした魚たちにとって、塩分濃度の低い川は棲めるよ

時間
30
分

70点で
合格！

解答 ↓ 別冊
46
ページ

月
日

点

77

社会
数学
理科
英語
国語

1 次の漢詩は、李白が友人の汪倫に対して、感謝の思いを詠んだものである。これを読んで、あとの問いに答えなさい。〔岐阜─改〕

贈ニ汪倫一

李白乗レ舟将ニ欲セント行カント

忽チ聞ク岸上踏歌ノ声

桃花潭水深サ千尺

不レ及バ汪倫送ルノ我情ヲ

汪倫に贈る

李白舟に乗って将に行かんと欲す
*まさに 出発しようとした

忽ち聞く岸上踏歌の声
*たちまち　*とうか

桃花潭水深さ千尺
*とうかたんすい　とても深い

及ばず汪倫我を送るの情に

*踏歌の声…足を踏み鳴らし、拍子をとって歌う声。
*桃花潭…汪倫が住む村を流れる川のこと。

(1) この漢詩の形式として最も適切なものをあとから選び、記号で答えなさい。

〔　　　〕

ア　五言絶句　　イ　五言律詩

ウ　七言絶句　　エ　七言律詩

(2) 「不レ及バ汪倫送ルノ我情ヲ」に返り点をつけたとき、「及ばず汪倫我を送るの情に」と正しく読めるものをあとから選び、記号で答えなさい。

〔　　　〕

ア　不レ及バ汪倫送ルノ我情ヲ

イ　不レ及バ汪倫送ルノ我情ヲ

ウ　不レ及バ汪倫送ルノ我情ヲ

エ　不レ及バ汪倫送ルノ我情ヲ

(3) 次の　　内の文章は、この漢詩の鑑賞文の一例である。　A　・　B　に入る適切な言葉を、それぞれ現代語で答えなさい。ただし、字数は　A　は五字以内、　B　は五字以上十字以内とする。

この詩は、「送別」をテーマにしている。村を舟で出発しようとした李白は、　A　で汪倫が村人たちと一緒に別れを惜しんで歌う姿を見て、汪倫の友情の深さは、村を流れる桃花潭の　B　ものであると感じ、汪倫に感謝している。

A〔　　　　　　　　　〕

B〔　　　　　　　　　〕

↑得点アップ

古典の読解では、注釈などもヒントになることが多い。

目標時間 **10** 分　時間　　分

解答◆別冊 **45** ページ

月　日

1 次の古文を読んで、あとの問いに答えなさい。〔富山〕

［二品（＝源 時賢）の庭にある三本の柳の一本に烏の巣があった。〕

（烏は）いかが思ひけむ、その烏その巣をはこびて、むかひの桃の木に作りてけり。人々、あやしみあへりけるほどに、二品、その時他所にゐられたりけるほど、烏、あやしみあへりけるほどに、二品、関白殿より柳をめされたりけり。二品、その時他所にゐられたりける頃、別の場所に出かけておられた頃、白殿より柳をめされたりけり。二品、その時他所にゐられたりける頃、一両日をへて、関白殿より柳をめされたりけり。二品、その時他所にゐられたりける頃、献上するように命じられたどなりければ、＊御教書を付けたりければ、すみやかにむかひて、いづれにてもはからひて掘りて参るべきよしいひければ、御使向ひて御教書を付けたりければ、すみやかにむかひて、いづれにてもはからひて掘りて参るべきよしいひければ、御使かの亭に向ひて、その　　　のうち二本を掘りて参るうち、烏の巣ひたりし木をむねと掘りてけり。烏はこの事をかねてさとりけるにこそ。

＊御使…使者。　＊御教書…命令書。　＊亭…屋敷。

（「古今著聞集」）

(1) ──線部①「あやしみあへりける」とあるが、なぜか。次の文の[A]・[B]に入る言葉を古文中からそれぞれ一字で抜き出しなさい。

・烏が[A]の木に[B]をうつしたから。

A ☐

B ☐

(2) ──線部②「ゐられたり」を現代仮名遣いに直し、ひらがなで答えなさい。　[　　]

(3) ──線部③「いひければ」の主語にあたるものとして最も適切なものをあとから選び、記号で答えなさい。　[　　]

ア 人々　　**イ** 関白
ウ 二品　　**エ** 御使

(4) ☐に入る最も適切な言葉を古文中から一字で抜き出しなさい。　☐

(5) ──線部④「かねてさとりける」とあるが、烏はどのようなことを悟っていたのか。その内容として最も適切なものをあとから選び、記号で答えなさい。　[　　]

ア 庭の木がすべて切り倒されてしまうこと。
イ 桃の木の方が巣作りに適していること。
ウ 関白の使者に捕らえられてしまうこと。
エ 巣を作っていた木が掘り起こされること。

得点アップ

古文では主語が省略されることが多いため、注意が必要。

詩・短歌・俳句の読解

目標時間 **10** 分

時間 分

月 日

解答 ↓ 別冊 **44** ページ

1 次の詩を読んで、あとの問いに答えなさい。

［岩手］

未明の馬

丸山薫

もう馬が迎えにきたのだ
それは私の家の前で止まる
夢の奥から蹄の音が駆けよってくる

私は今日の出発に気付く
すぐに寝床を跳ね起きよう
いそいで身仕度に掛らねばならない

ああ　そのまま耳に聞こえる
彼がもどかしそうに門の扉を蹴るのが
焦ら立って　幾度も高く嘶くのが

そして　眼には見える
霜の凍る未明の中で
彼が太陽のように金色の翼を生やしているのが

問い ──線部「未明の馬」とあるが、この詩で「未明の馬」は
何を意味していると読み取れるか。最も適切なものをあと
から選び、記号で答えなさい。

ア 大事な使命を果たした達成感と喜び

イ 時間がない早朝の焦りともどかしさ
〔　　　〕

2 次の短歌を説明したものとして最も適切なものをあとから選び、記号で答えなさい。

［神奈川］

はなやかに轟くごとき夕焼はしばらくすれば遠くなりたり

佐藤佐太郎
〔　　　〕

ア 空に赤色が広がるさまをひらがなで表し、夕暮れ時のもの悲しさを忘れて見入った姿を明示することで、静かな喜びを鮮明に描いている。

イ 赤く染まった空の美しさを聴覚的に捉え、時間が経過して色あせたさまを自らとの距離として示すことによって、効果的に描いている。

ウ 街を染める夕焼を擬人的に表し、あっけなく夜が訪れたことへの孤独を暗示することで、あらがうことのできない自然を壮大に描いている。

エ 激しい音が響く中で目にした夕焼を直喩で示し、赤色が薄れて闇に包まれたあとの静けさと対比させることによって、感傷的に描いている。

ウ これからの未来に対する希望や期待

エ 自分が置かれた状況の厳しさや不安

月　日

目標時間 **10** 分

時間　　分

1 のぞみさんは、《資料Ⅰ》・《資料Ⅱ》を見て宿題のレポートを書こうとしています。《資料Ⅰ》は、ある調査で、テレビ、新聞、インターネット、雑誌の四つのメディアに対して、「情報源として重要だ」と回答した人の割合をまとめたものです。《資料Ⅱ》は、同じ調査で、それぞれのメディアに対して、「信頼できる」と回答した人の割合をまとめたものです。《資料Ⅰ》・《資料Ⅱ》を見て、あとの問いに答えなさい。

〔岩手―改〕

《資料Ⅰ》情報源としての重要度（全年代・年代別）

		テレビ	新聞	インターネット	雑誌
全年代		88.1%	53.2%	75.1%	19.3%
年代別	10代	83.8%	28.9%	85.9%	7.7%
	20代	81.0%	32.2%	87.7%	18.5%
	30代	83.0%	34.0%	83.0%	16.6%
	40代	90.8%	54.0%	80.1%	18.7%
	50代	92.1%	70.1%	74.1%	23.4%
	60代	93.1%	80.0%	49.3%	24.5%

（総務省「令和元年度 情報通信メディアの利用時間と情報行動に関する調査報告書」から作成）

《資料Ⅱ》各メディアの信頼度（全年代）

- テレビ　65.3%
- 新聞　68.4%
- インターネット　32.4%
- 雑誌　18.7%

（0　10　20　30　40　50　60　70　80（%））

（1）《資料Ⅰ》を見たのぞみさんは、次のような感想を持った。のぞみさんはどのメディアについての感想を述べているか。あとから選び、記号で答えなさい。　［　　　］

「このメディアだけが、年代が上がるにつれて重要だと回答した人の割合が増えているね。何か理由があるのかな。」

ア テレビ　　イ 新聞
ウ インターネット　　エ 雑誌

✏記述
（2）《資料Ⅰ》から、雑誌の年代別の重要度について、どのようなことがわかるか。次の　□　に入る内容を十字以内で答えなさい。

雑誌の情報源としての重要度は、　□。

（3）《資料Ⅰ》と《資料Ⅱ》の両方から、インターネットはどのように受け止められていると読み取ることができるか。最も適切なものをあとから選び、記号で答えなさい。　［　　　］

ア インターネットは、ほとんどの年代から情報源として重要ではないと考えられていて、信頼度も低い。

イ インターネットは、ほとんどの年代から情報源として重要だと考えられているが、信頼度は低い。

ウ インターネットは、若い年代からだけに情報源として重要だと考えられているが、信頼度はすべての世代で高い。

エ インターネットは、若い年代からだけに情報源として重要だと考えられているが、信頼度はすべての世代で低い。

得点アップ

図表やグラフは、数値に着目して読み取るようにする。

目標時間 10 分

時間 分

解答 ↓ 別冊 43 ページ

月 日

社会
数学
理科
英語
国語

1 次の文章を読んで、あとの問いに答えなさい。〔奈良〕

　私は衝撃を受けた。釣った魚を食べるとは思っていなかったのだ。

　包丁の腹で頭を叩かれ、気絶だか絶命だかした魚は、おとなしく衣をまぶされ、熱した油に投じられてあっというまに天ぷらになった。祖父母と父に二尾ずつ、母と妹と私が一尾ずつ。小皿に載って座卓へと登場した魚をまえに、食べたくないと私はべそをかいた。

「ふだんも魚の天ぷらを食べとるやろ。あれと同じや。」

「おいしいよって食べなさい。はよ食べんと冷めるで。」

　両親が口々に言い、

「あれあれ、歌ちゃんは魚を飼うつもりやったんかな。かわいそうなかわいそうなことしたな。」

と、私をかわいがっていた祖母が慰めてくれた。そのあいだに妹は天ぷらを頭からばりばりたいらげており、私はいっそう悲しくなった。

　最終的には祖父の、

「釣った魚を、食いもせんでほかしたらバチが当たる。かわいそうでもありがたく食うのが、せめてもの供養ちゅうもんや。」

という一言で、私は目をつぶって天ぷらを食べた。清流で育った小さな魚は、驚くほどおいしかった。細長いのに身はふくふくとして、ほんのりと甘かった。おじいちゃんたちはもう一匹食べられていいなと、あのとき私はたしかに思い、そんなふうに思う自分がうしろめたく、なんだかおかしくもあった。

　いまなら、②「現金な」という形容がふさわしいとわかる。泣き笑いして食べた小魚ほどおいしい天ぷらには、その後もついぞ出会わず、

私はなんとなく魚をまえにするると腰が引けるというか身が引き締まる気持ちになる。見開いたまんまるな目が、「かわいそう。」と思ったくせにおいしく食べた私を見透かしている気がするからかもしれない。

（三浦しをん「魚の記憶」）

* はよせんと…早くしないと。　* ほかしたら…捨てたら。

(1) ──線部①とあるが、「私」をいっそう悲しくさせたのはどのようなことか。最も適切なものを次から選び、記号で答えなさい。

　　　　　　　　　　　　　　　　　　　　[　　]

ア　魚の天ぷらを食べずに捨てるとバチが当たってしまうということ。

イ　食べようと思っていた魚の天ぷらを妹に食べられてしまったこと。

ウ　妹よりも食べ物の好き嫌いが激しい自分の幼さに気づいたこと。

エ　魚に対して自分が抱いたような思いが妹にはないと感じたこと。

記述

(2) ──線部②は、具体的にどのようなことを指すか。本文中の言葉を用いて答えなさい。

↑
得点アップ

記述問題では、必ず指定された条件に沿って答える。

1 次の文章を読んで、あとの問いに答えなさい。 (青森―改)

高校の生徒会メンバーである華は、次の生徒会の選挙で何らかの「役」に立候補することになっていた。

じゃあ、自分はどうしよう。

成績優秀、容姿端麗、人望も厚い美桜が相手では分が悪すぎる。落ちると分かっている選挙のために、推薦人20人の署名を集め、実現もしないようなことを公約に掲げ、形の上でだけ競う。そんなのはバカらしすぎる。

だから「選挙には出ません」と伝えた。おとなげないと言われたけれど、まだおとなじゃないし。

「もともと生徒会なんて向いてないよね。わたしは、リーダーの器じゃない」

華は口の中でぼそっとつぶやいて、自分自身に言い聞かせた。

我ながら、まったくイケてない。華という名前からして、古風すぎて華々しさからほど遠い。おまけにいったん疑問を持つと、みんな納得しているとでも混ぜっ返してしまう面倒くさい性格だ。生徒会ってなんだろうって考え始めたら、いろんなことが気になってきて、今、選挙に向かって進もうとしているメンバーと話が合わなくなってしまった。

本当に生徒会って□□だらけだ。選んでくださった人たちの意思を尊重しなければならないのに、実際は、先生の思惑と生徒の願望の間で板挟みになることがほとんどだし、いくらがんばっても、部活動の予算のことで恨まれたり、ささいな不手際を責められたりもする。1年でやめて正解だ。

でも、これからは「帰宅部」になってしまうんだろうなあと考えたら、ちょっと泣けてきた。なんだか居場所がない感じがする。こんなに心細いのは、泣き虫だった小学校低学年の頃以来かもしれない。

どんよりした気分のまま歩いていると、ふいに小さい子の泣き声が聞こえてきた。

記憶の中の幼い自分の泣き声？

でも、どうやら違うらしい。泣き声は本物だ。

心象風景ってやつだろうか。などと最初は思った。

(川端裕人「風に乗って、跳べ　太陽ときみの声」)

---

(1) □□に入る言葉として最も適切なものを次から選び、記号で答えなさい。

ア 格差　イ 空想　ウ 矛盾　エ 偽物(にせもの)　[　]

✏️記述
(2) ――線部について、「華」が「心象風景」だと思った理由を次のようにまとめた。□□に入るそのときの「華」の具体的な気持ちを、十五字以内で答えなさい。

「華」は生徒会をやめて正解だと思いこもうとしているが、今後のことを考えると□□を感じていて、その気持ちが小学校低学年の頃に感じた気持ちと同じであったから。

1 次の文章を読んで、あとの問いに答えなさい。〔長崎―改〕

わたしたちの欲望と能力とのあいだの不均衡のうちにこそ、わたしたちの不幸がある。その能力が欲望とひとしい状態にある者は完全に幸福といえるだろう。

（ルソー『エミール　上』今野一雄訳、岩波文庫、一九六二年）

ジャン＝ジャック・ルソー（一七一二～七八）は、五〇歳のときに二冊の著書を上梓しました。それが、近代の「自由な社会」の理念を設計した『社会契約論』と、人間論・教育論について小説のようにまとめた『エミール』です。彼はこのうちの『エミール』で、「人の幸福は欲望（したい）と能力（できる）のバランスにある」と言っています。

なぜでしょうか。

人間には欲望がありますが、その欲望は、未来への想像と期待によってどんどん膨らんでいきます。想像はどんどん広がって「世界一のロックスターになりたい」と思うかもしれない。しかし、それが現実の自分の能力をはるかに超えていると、欲望と現実とのズレに苦しむことになります。だからルソーは、人は自分ができることを欲するのがよい、と言うのです。（中略）

しかし一方で、人は能力を拡大したいという欲望をもつ存在でもあります。

たとえば、子どもの成長を考えたとき、こんな場面が思い浮かびます。あのお兄ちゃんは高いとび箱を上手に跳べる。自分はまだ低いとび箱しか跳べない。「ぼくも高いとび箱を跳びたいな」と思い、挑戦を続ける。そうしたら、あるとき高い段が跳べた。カッコいい自分になりたくて、これは非常に誇らしいことでしょう。

そして新しい世界を体験したくて、子どもは自分の能力を増やそうとする。このこともまた、人間の生には欠かせないのです。

（西研「しあわせの哲学」）

記述
(1) ──線部①とは、欲望と能力の関係がどういう状態にあるときだと筆者は説明しているか。「状態。」に続く形で二十五字以内で答えなさい。

状態。

(2) ──線部②の具体例として最も適切なものを次から選び、記号で答えなさい。　[　　]

ア 優れた演奏を聴いて、自分の演奏技術を高めようとする。
イ 入場券を買うお金をためて、話題の映画を見ようとする。
ウ 昼休みに仮眠をとって、午後の授業に集中しようとする。
エ 早めに宿題をすませて、休日をのんびり過ごそうとする。

得点アップ
記述問題は、基本的に本文中の言葉を参考にしてまとめる。

社会　数学　理科　英語　国語

1 次の文章を読んで、あとの問いに答えなさい。

混雑した町の交差点で交通整理の警官がピリピリ……と笛を吹きながら、車や歩行者を手際よく捌いている姿をよく見かける。笛の吹き方の違いで、警官が車の流れを止めようとしているのか、それとも進めと指示しているのかが分る。

要するに警官は、ことばで「止れ」とか「行け」と言うかわりに、笛の音を使っているに過ぎず、この方が騒音のひどい町中では伝達効率が高く、また警官の疲れも少ないからである。

さて今度は同じ笛でも、③音楽家が例えばフルートで、ある曲を吹く場合を考えてみる。音楽家は彼の吹く笛の音で、何かを表現しようと努力しているには違いないが、聞く人が受けとるその内容は人により様々で、明確な具体性がないことの方が普通である。

しかし音楽家の笛の音が警官のそれと最も違う点は、笛から出る音は美しくかつ創造的でなければならないということである。美しく、しかも個性的な音色を出すことがフルートを吹く行為の究極の目的なのであって、笛の音に何か特定の意味を託し、それを伝えるために吹いているわけではない。

つまり音を出す行為の主眼は、その音をあらしめること、しかも美しく、個性的にあらしめることに置かれている。このような場合の笛の音は、詩的機能を果していると言うのである。

これに対し警官の吹く笛の音は、美しくある必要がない。いやむしろあまり美しく創造的な音色でない方がよいとさえ言える。通行人が聞き惚れるような音を出すことは、交通整理の目的には不向きだから

である。むしろ警官の意図する指示が、簡潔にそして明確に伝わることの方が望ましい。

近代の音楽には標題音楽と称せられるジャンルがあって、何か具体的な内容を音で伝えようとしたり、特定の楽器に一定の役割を与えて、音により写実的な描写を行なう試みもある。しかし全般的に言うなら、演奏家は美しい、個性的で創造的な音(色)を出すために、必死に音の出し方を工夫しているのである。(鈴木孝夫「教養としての言語学」)

*あらしめる…存在させる。

(1) ──線部①と──線部③について、それぞれが笛を吹く目的を次のようにまとめた。 A と B に入る最も適切な言葉を、本文中からそれぞれ三字で抜き出しなさい。

〈笛を吹く目的〉

・警官 … A のかわりに特定の意味を伝えること。

・音楽家…個性的で創造的な B 音色を出すこと。

A　　　　B

(2) ──線部②とあるが、伝達効率が高いとはどういうことかを表している部分を本文中から二十二字で抜き出し、最初の五字を答えなさい。

A　　　　B

↑
得点アップ

言葉を抜き出す問題では、一字一句そのまま抜き出す。

文法

主語述語

目標時間 **10** 分　時間　　分

解答 ↓ 別冊 **41** ページ

月　　日

1 次の文と文節の数が同じ文をあとから選び、記号で答えなさい。〔新潟〕

・休日に図書館で本を借りる。

ア 虫の音に秋の気配を感じる。

イ こまやかな配慮に感謝する。

ウ あの山の向こうに海がある。

エ 風が入るように窓を開ける。 [　　]

2 次の文の──線部「見つめています」の文の働きと、同じ文の働きをしているものをあとの──線部から選び、記号で答えなさい。〔福岡─改〕

・その大きな黒い目は、相手をじっと見つめています。

ア 今年も見事に咲いた、桜の花が。

イ 彼はいつまでも追い続ける、壮大な夢を。

ウ 見つめた先に、一筋の光が差した。

エ やってみると、どんな困難も乗り越えられる。 [　　]

3 次の文の──線部「ついに」と同じ品詞であるものをあとの──線部から選び、記号で答えなさい。〔新潟〕

・長い年月を経て、ついに作品が完成した。

ア 月の輪郭がはっきり見える。

イ 街灯の光が道を明るく照らす。

ウ 机の上をきれいに片付ける。

エ 大きな池で魚がゆったり泳ぐ。 [　　]

4 次の文の──線部「正しい」の活用形を答えなさい。〔秋田─改〕

・正しい認識のもと、適切に取り扱う。 [　　]形

5 次の文の──線部「の」と同じ働きをしているものをあとから選び、記号で答えなさい。〔徳島〕

・私は友人の誕生日に本を贈った。

ア この白い花はスズランです。

イ そこにある自転車は私のです。

ウ 彼の提案したテーマに決定した。

エ 読書と映画鑑賞が私の趣味です。 [　　]

6 次の文の──線部「そうだ」と文法的に同じ意味・用法のものをあとから選び、記号で答えなさい。〔栃木〕

・今にも雨が降りそうだ。

ア 目標を達成できそうだ。

イ 彼の部屋は広いそうだ。

ウ 祖父母は元気だそうだ。

エ 子犬が生まれるそうだ。 [　　]

7 次の文の──線部「もらった」を適切な敬語表現に直して五字以内で答えなさい。〔大分─改〕

・先生からもらった和歌の文字を参考にして、行書で書く練習を重ねる。

[　　　　　]

↑ 得点アップ

文節に区切るときは、切れ目に「ね」などを入れて見分ける。

漢字・語句

1 次の文の——線部のカタカナ部分を漢字で表したとき、その漢字と同じ漢字が使われている熟語をあとから選び、記号で答えなさい。〔青森〕

・質問ジコウを手帳にまとめる。

ア 巧妙（こうみょう）　イ 項目（こうもく）　ウ 効果（こうか）　エ 郊外（こうがい）

2 次の行書で書かれた漢字を楷書（かいしょ）で書くとき、総画数が同じ漢字をあとから選び、記号で答えなさい。〔高知〕

統

ア 傑（けつ）　イ 喪（も）　ウ 粛（しゅく）　エ 塾（じゅく）

3 ——線部と同じ構成になっている熟語をあとから選び、記号で答えなさい。〔栃木―改〕

・年々観光客が増加している。

ア 未定　イ 前後　ウ 着席　エ 豊富

4 次の熟語の組み合わせのうち、二つの熟語の関係が類義語になっているものを選び、記号で答えなさい。〔高知〕

ア 親切——厚意　イ 天然——人工　ウ 難解——平易　エ 保守——革新

5 「拡大」の対義語を漢字で答えなさい。〔秋田―改〕

6 次のことわざのうち、「名人・達人でも時には失敗すること」という意味を持つものをすべて選び、記号で答えなさい。〔鳥取〕

ア 河童（かっぱ）の川流れ　イ 馬の耳に念仏　ウ 鬼（おに）の目にも涙（なた）
エ 弘法（こうぼう）にも筆の誤り　オ 猿（さる）も木から落ちる

7 次の文の□に入る最も適切なものをあとから選び、記号で答えなさい。〔北海道〕

・縄跳（なわ）びの難しい技を披露（ひろう）した彼（かれ）は、□。

ア 所在ない　イ 根も葉もない
ウ 隅（すみ）に置けない　エ 身もふたもない

8 次の□に共通して入る言葉として最も適切なものをあとから選び、記号で答えなさい。〔宮城〕

・□が回る　・□先三寸　・□の根の乾（かわ）かぬうち

ア 首　イ 目　ウ 口　エ 舌

9 「取り返しのつかない」という意味を表す故事成語をあとから選び、記号で答えなさい。〔秋田―改〕

ア 虎（とら）の威（い）を借る狐（きつね）　イ 漁夫（ぎょふ）の利
ウ 覆水盆（ふくすいぼん）に返らず　エ 五十歩百歩

得点アップ

故事成語は成り立ちを理解することで意味も覚えやすくなる。

国語

傾向と対策

その他 約4%
敬語などの知識問題が出題される。

漢字や語句に関する問題も重要なんだね。

作文 約6%

文法 約8%

長文読解 約30%

古文・漢文 約26%

漢字・語句 約26%

国語の出題傾向じゃ！

長文読解ではどんな問題がよく出題されるのかな？

記述問題では、**指定された条件などにしたがって**解答することが求められる。

試験への対策をまとめたので、確認するのじゃ！

🚩漢字・語句

- 頻出漢字に加え、**熟語の構成**やよく出てくる**ことわざ・慣用句**などについてもしっかりと押さえておこう。➔p.87

🚩文法

- 文節どうしの関係や用言の活用、**助動詞の意味**などを覚えておこう。また、それぞれの品詞の**特徴**も理解しておこう。➔p.86

🚩長文読解

- **要旨**の理解や**心情**の把握に関する問題は頻出のため、十分に練習して慣れておこう。
  ➔p.85〜82

🚩古文・漢文

- 古文では、**歴史的仮名遣い**や**主語の省略**などの頻出問題を押さえよう。漢文では、**返り点**について理解しておこう。➔p.79〜78

🚩図表・資料などの読み取り

- 数値に着目し、特徴的な部分を読み取るようにしよう。➔p.81

🚩詩・短歌・俳句

- 比喩や倒置など、用いられている**表現技法**に着目しよう。➔p.80

🚩解答形式

- さまざまな記述問題に慣れておこう。➔ 記述

解答・解説

社会

1 世界と日本のすがた

→ 本冊 p.4

1 (1) アフリカ大陸　(2) **イ**　(3) インド洋
(4) R → P → Q　(5) **エ**

2 (1) A…沖ノ鳥島　B…竹島
(2) 例 排他的経済水域を守るため

解説

1 (1) 地図 1 は**正距方位図法**で描かれている。中心の東京からの距離と方位が正しい地図である。X の大陸は、東京から見て真西にある大陸で、**アフリカ大陸**となる。真東にある大陸は**南アメリカ大陸**。

(2) 地図 2 は経線と緯線が直角に交わる**メルカトル図法**で、東京から見たサンフランシスコの方位は正しく表されないので、地図 1 の正距方位図法にサンフランシスコを書き入れて確認する。

(3) 世界には 3 つの大洋がある。最も面積が広いのは**太平洋**、次に**大西洋**、最も狭いのが Y の**インド洋**である。

(4) メルカトル図法では、**赤道**から離れて極地方にいくほど、実際の距離よりも長く表される。赤道は、アジアではインドネシア、アフリカ大陸では中央部を通るので Q が赤道と判断できる。最も長いのは赤道上の Q である。P と R では、Q からより離れている R のほうが短い。

(5) 経度 180 度にほぼ沿って引かれている**日付変更線**の西側からその日が始まる。

2 (2) 日本は、海に囲まれている島国(海洋国)で離島も多いことから、**排他的経済水域**が国土面積のわりに広い。

POINT 正距方位図法は、中心からの距離と方位が正しいが、面積と形は正しくない。メルカトル図法は、極に近いほど面積が大きく表される。

2 世界のさまざまな地域 ①

→ 本冊 p.5

1 (1) ASEAN　(2) 二期作

2 (1) フィヨルド
(2) EU(ヨーロッパ連合)
(3) 例 パスポートなしに自由に国境を越えられるようになった。

3 (1) **ア**
(2) 例 ヨーロッパ諸国が植民地とした際の境界線を、国境線として使っているから。
(3) モノカルチャー経済

解説

1 (1) **ASEAN** は、タイ、インドネシア、シンガポール、フィリピン、マレーシアの 5 か国で発足した、東南アジアの地域協力機構。2022 年には、東ティモールの加盟が原則合意された。

(2) タイなどの暖かく降水量の多い地域で行われる。同じ耕地で、1 年に異なる作物をつくることは**二毛作**という。

2 (2) X はイギリス。**EU**(ヨーロッパ連合)は 1993 年の発足以来、拡大を続けてきたが、イギリスが初めての離脱国となった。

3 (1) **イ**のインダス川はパキスタン、**ウ**のライン川はヨーロッパ州、**エ**のアマゾン川はブラジルを流れる河川。

(2) アフリカ大陸は、かつて一部の地域を除いてヨーロッパ諸国の植民地となっていた。ヨーロッパ諸国の都合で引かれた当時の境界線を現在も国境線として使っているため、民族紛争などがおこっている。

(3) ナイジェリアの石油、ザンビアの銅など。**モノカルチャー経済**は、国際価格の影響を直接受けるため、経済が不安定になりやすい。

POINT 世界にあるおもな地域連合には、ASEAN (東南アジア諸国連合)、EU(ヨーロッパ連合)などがある。

ひっぱると、はずして使えます。

1

3 世界のさまざまな地域 ②

→ 本冊 p.6

1 (1) **ア**

(2) サンベルト

(3) ヒスパニック

(4) 例 労働力として<u>連れてこられたアフリカ</u>

(5) バイオ燃料

(6) a…×　b…×

2 **ウ**

~~~~~ 解 説 ~~~~~

1 (1) ░░░ は、北アメリカ大陸のロッキー山脈の東側、南アメリカ大陸のアンデス山脈の東側あたりに見られるので、乾燥帯と判断できる。

(2) 地図中の A 国のアメリカ合衆国には、北緯 37 度以南に先端技術が発達した地域の**サンベルト**があり、特にサンフランシスコ郊外の**シリコンバレー**では、**ICT 産業**が発達している。

(3) 中南米から、仕事を求めてアメリカ合衆国に移住する移民が多い。

(4) 大航海時代、南北アメリカ大陸に進出したヨーロッパ諸国は、労働力としてアフリカ人を連れていき、強制的に働かせた。

(5) **バイオ燃料**は、バイオエタノールともいい、原料が植物なので生長するときに二酸化炭素を吸収することから、地球温暖化に対応するエネルギーとして注目されている。

(6) a … A 国のアメリカ合衆国の自動車製造の中心地として発展したのは**デトロイト**で、ピッツバーグは製鉄業の中心地。

b … C 国のブラジルの農産物で輸出額が最大の輸出品は**大豆**である。

2 X … かつてオーストラリアを植民地とした国はイギリスで、かつてはオーストラリアの最大の貿易相手国であったが、現在の最大の貿易相手国は中国で、距離的に近いアジア圏の国々との貿易が増加している。

POINT アメリカ合衆国の工業のさかんな地域として、北緯 37 度以南にあるサンベルトとサンフランシスコ近郊のシリコンバレーがある。

4 日本のさまざまな地域 ①

→ 本冊 p.7

1 (1) シラス(台地)

(2) リアス海岸

(3) **イ**

(4) 施設園芸農業

(5) **ア**　(6) **カ**

~~~~~ 解 説 ~~~~~

1 (1) **シラス**(台地)は、九州南部に広く分布している。かつては水もちが悪く、稲作や畑作に向かない土地だったが、かんがいが整備されたことから、さつまいもだけでなく、茶などの栽培も行われている。また、畜産がさかんである。

(2) 地図の B は**若狭湾**。この湾には、原子力発電所がいくつも存在している。

(3) 総額が 2 位で、畜産の産出額も 2 位の**イ**が鹿児島県である。そのほか、総額が 5 位で野菜の産出額が 4 位の**エ**が熊本県、総額が 4 つの中では最も低い 27 位で、耕地における田の割合が 83.1 % の**ア**が佐賀県、残る**ウ**が宮崎県である。

(4) 愛知県の渥美半島では、ビニールハウスで夜にも電気で照らすことで開花の時期を調整する電照菊の栽培がさかんである。

(5) W の府県は京都府。**イ**の輪島塗は石川県、**ウ**の小千谷ちぢみは新潟県、**エ**の南部鉄器は岩手県の伝統的工芸品である。

(6) X は鳥取県、Y は香川県、Z は高知県である。X の鳥取県は**日本海側の気候**なので、冬に降水量の多い e、Y の香川県は年間を通して降水量の少ない**瀬戸内の気候**なので f、Z の高知県は夏に降水量の多い d。ため池の数は、数が多いところが降水量が少なく、ため池を必要としているところと考えられるので、兵庫県の次に多い b が降水量が少ない瀬戸内気候の Y 県にあたる。

POINT 瀬戸内の気候は、冬の季節風は中国山地に、夏の季節風は四国山地にさえぎられるので、年間を通して降水量が少ないのが特色である。

5 日本のさまざまな地域 ②

→ 本冊 p.8

1 (1) 奥羽（山脈）

(2) 記号…X　県名…新潟（県）

(3) 㓮 黒潮と寒流の親潮がぶつかる潮目が
ある

(4) A…ウ　B…ア　C…イ

(5) 成田国際空港

(6) イ

─── 解説 ───

1 (1) 東北地方を南北につらぬく山脈である。

(2) W は岩手県、X は新潟県、Y は岐阜県、Z
は静岡県である。東北地方の米の収穫量は、
全国の約 4 分の 1 を占める。そのため東北
地方は**日本の穀倉地帯**といわれる。北陸地方
は**水田単作地帯**で、新潟県はブランド米のコ
シヒカリの生産が多い。

(3) ▨▨▨で示した海域は**潮目**（潮境）と呼ばれる、
寒流である**親潮**（千島海流）と、暖流である**黒
潮**（日本海流）がぶつかり、良い漁場となって
いる。

(4) **昼夜間人口比率**とは、夜間人口（常住人口）
100 人あたりの昼間人口の割合のことであ
る。100 をこえるときは昼間人口のほうが多
く、100 を下回るときは夜間人口のほうが多
いということになる。資料Ⅱでは、A だけが
100 をこえているので、通勤や通学で人が集
まる東京。C は 100 を大きく下回っているの
で、東京に隣接している埼玉県と判断する。

(5) **成田国際空港**のおもな輸出品は半導体等製造
装置、科学光学機器などで、おもな輸入品は
医薬品となっている。

(6) **中京工業地帯**は、世界的な自動車メーカーが
あり、輸送機械の割合が高い。アは**京浜工業
地帯**、ウは**阪神工業地帯**。

POINT ▶ 中京工業地帯は、日本最大の工業地帯で、
機械工業の割合が高く、特に輸送機械の製品出荷
額が多いのが特色である。

6 古代までの日本

→ 本冊 p.9

1 (1) イ　(2) 渡来人

(3) イ

(4) 㓮 戸籍に登録された 6 歳以上の全ての
人々

(5) エ

(6) 摂関

(7) ウ→ア→エ→イ

─── 解説 ───

1 (1) **銅鐸**は、弥生時代に伝わった青銅器である。
弥生時代に大陸から伝わった青銅器はおもに
祭りの道具に、鉄器は農具や武具として使わ
れた。

(2) A のころは、日本では古墳時代である。こ
のころ、大陸から渡ってきた**渡来人**は、土木
技術や機織りの技術、儒学（儒教）や漢字、仏
教などを伝えた。当時、倭（日本）には文字が
なかったので、渡来人は外交文書をつくる部
署などで活躍した。

(3) b は飛鳥時代である。アは江戸時代、ウは
鎌倉時代、エは平安時代のできごと。

(5) d の**最澄**は、**遣唐使**とともに唐にわたり、帰
国してから**天台宗**を開いた。アの**真言宗**を開
いたのは**空海**である。イの**浄土真宗**は鎌倉時
代に**親鸞**が開いた宗派、ウの**時宗**は、鎌倉時
代に踊念仏で仏教を広めた**一遍**が開いた宗派
である。

(6) **藤原道長・頼通**親子は、**摂関政治**の全盛期を
築いた人物。摂関政治とは、娘を天皇のきさ
きにし、生まれた子を天皇にして、天皇が幼
いときは**摂政**、成人してからは**関白**になって
行う政治である。

(7) アは平安時代の初期、イは平安時代の末期、
ウは飛鳥時代、エは平安時代中期。

POINT ▶ 飛鳥時代から奈良時代は、天皇が中心とな
った律令政治が行われた。平安時代は、藤原氏を中
心とした摂関政治が行われた。

社会 | 数学 | 理科 | 英語 | 国語

7 中世の日本

→ 本冊 p.10

1 (1) **ウ→ア→イ**

(2) ① 御恩（ごおん）

② **エ**

2 (1) ① **ウ**

② 例 東アジアと東南アジアの間に位置し、万国の架け橋となった。

(2) 分国法（ぶんこくほう）

━━ 解説 ━━

1 (1) **エ**の**院政**は、平安時代末期に行われた、天皇の位を退いたあと**上皇**となって権力を握って行う政治のこと。**ア**の**北条泰時**は、鎌倉幕府の３代**執権**。**御成敗式目**が定められたのは1232年、**イ**の元の襲来は1274年と1281年、**ウ**の**源頼朝**が征夷大将軍になったのは1192年のことである。

(2) ① 鎌倉幕府の**将軍と御家人**は、土地を媒介とする**御恩と奉公**の関係で結ばれていた。将軍は、御家人に新たな土地を与えたり、それまでの領地を保護したりする。御家人は、いざというとき将軍のために戦う義務を負った。

② Ａの**京都所司代**は、江戸時代に朝廷を監視するために置かれた役所である。鎌倉幕府はもともと東国に幕府を置いていたが、**承久の乱**の勝利によって、西国にも御家人を置いた。

2 (1) ① **ア**の**十三湊**は安藤氏がアイヌと交易を行っていた本拠地、**イ**の**漢城**は、李氏朝鮮の首都、**エ**の**大都**はフビライ＝ハンが建国した元の首都である。

(2) **応仁の乱**後、京都は荒廃し、室町幕府の影響力が衰え、**下剋上**の風潮が広まった。**戦国大名**は城下町をつくり、**分国法**を定めて領国を支配した。

> **POINT** 鎌倉時代に後鳥羽上皇が承久の乱をおこし、鎌倉幕府が勝利した。室町時代には応仁の乱がおこり、戦後、下剋上の風潮が広まった。

---

8 近世の日本

→ 本冊 p.11

1 例 商工業を活発にするため。

2 (1) 例 江戸と領地を１年おきに往復すること。

(2) ① **エ**

② **ア**

(3) ① **ウ**

② **イ**

━━ 解説 ━━

1 資料の法令は、**楽市・楽座**と呼ばれるもの。それまでは、市では、座と呼ばれる商工業者の同業者組合が商売する特権を与えられ、営業を独占していた。**織田信長**は、座を廃止することで、多くの人々が商工業を自由に行うことができるようにした。

2 (1) 江戸時代には大名は、徳川家の親戚である**親藩**、古くからの家来である**譜代大名**、関ヶ原の戦いのころから家来になった**外様大名**がいる。外様大名は、江戸から遠いところに配置され、**参勤交代**にかかる費用の負担が大きかった。

(2) ① **ア**の**土倉**は室町時代に高利貸しを行った金融業者、**イ**の**問注所**は鎌倉幕府や室町幕府で置かれた裁判を行う役所、**ウ**は東大寺の敷地内にある宝物などを納めた倉庫である。

② **松平定信**は**寛政の改革**を行った老中。座は室町時代の商工業者の同業者組合である。

(3) ① **薩摩藩**はおもに現在の鹿児島県にあった藩。現在の沖縄県にあった**琉球王国**を征服した。**松前藩**は、蝦夷地との交易を行った藩である。

② 朝鮮とは、**豊臣秀吉**の朝鮮出兵によって国交が途絶えていた。朝鮮からは幕府の将軍がかわるごとに300～500人の祝いの使節（**朝鮮通信使**）が日本に派遣されるようになった。

> **POINT** 室町時代、「座」という商工業者の同業者組合ができ、寺社や貴族の保護を受けた。江戸時代には「株仲間」という組合ができた。

9 開国と近代日本の歩み

→ 本冊 p.12

1 (1) **イ→ウ→ア**

(2) 学制

(3) X…**イ**　Y…**ア**

(4) 甲午農民戦争

(5) **イ**

解説

1 (1)**四国連合艦隊**が下関を砲撃したのは 1864 年のできごと。このできごとにより、**攘夷**が不可能であることを知った長州藩は、同じく**薩英戦争**で攘夷が不可能と知った薩摩藩と、**坂本龍馬**の仲介で、1866 年に**薩長同盟**を結んだ。倒幕を目指す勢力が大きくなったことで、江戸幕府 15 代将軍**徳川慶喜**は 1867 年に、政権を朝廷に返上する**大政奉還**を行った。

(2)満 6 歳以上の男女が小学校に通うことを定めた法律。小学校の建設費用の負担や、子どもは当時労働力だったこともあり、はじめは就学率は低かった。

(3)**西南戦争**は、特権を奪われた士族たちが、**西郷隆盛**を大将としておこした、士族最後の反乱。この反乱のあと、政府への批判は言論で行われるようになった。版籍奉還や地租改正は、中央集権国家をつくるための政策、日比谷焼き打ち事件は日露戦争後のできごと、**尊王攘夷運動**は江戸時代末期におこった天皇を尊び外国を排除しようという運動である。

(4)甲午農民戦争は、民間信仰を基にした宗教である**東学**を信仰する団体が組織した農民軍が蜂起したもの。

(5)**下関条約**は、1894 年におこった**日清戦争**の講和条約である。**藩閥**とは、明治時代に倒幕に力をつくした薩摩藩、長州藩、土佐藩、肥前藩の出身者で政府の重要な役職を占めた政府のことである。

> **POINT** 日清戦争の講和条約は下関で結ばれた下関条約で、日露戦争の講和条約はアメリカのポーツマスで結ばれたポーツマス条約である。

10 2 度の世界大戦と現代

→ 本冊 p.13

1 (1) ウィルソン

(2) ベルサイユ条約

(3) **ウ→ア→イ**

(4) **エ**

(5) 例 共産主義を取り締まる治安維持法が廃止され、政治活動が自由になった

(6) **ウ**

解説

1 (1)ウィルソン大統領が唱えた**民族自決**とは、民族はそれぞれ自分たちの政治の決定権をもつという考え方。この考え方によって、第一次世界大戦後、多くの東ヨーロッパ諸国が独立した。しかし、アジアやアフリカでは植民地支配が続いたため、民族独立を求める運動が続いた。

(2)**ベルサイユ条約**によって、ドイツはすべての植民地を放棄し、巨額の賠償金を課せられた。日本は、中国におけるドイツの権益を受け継ぐことが決定された。

(3)**ア**の**関東大震災**がおきたのは 1923 年、**イ**の**ニューディール**は 1929 年の**世界恐慌**の対策としてアメリカのフランクリン=ローズベルト大統領が 1933 年に行った政策、**ウ**の**五・四運動**は、1919 年の**ベルサイユ条約**によって日本の**二十一か条の要求**が認められたことを機に、反日運動から始まった中国の反帝国主義の運動である。

(5)**GHQ** は、農村の民主化を進めるために**農地改革**、経済の民主化を進めるために**財閥解体**、教育の民主化を進めるために**教育基本法**の制定などを行った。軍部による政治を改め、政治の民主化を進めることで、日本を二度と戦争をしない国にしようとした。

(6)A…インターネットが普及したのは 2000 年代のことである。

> **POINT** 第一次世界大戦後、日本からの独立を求めた「三・一独立運動」が朝鮮でおきた。中国では、反帝国主義の運動「五・四運動」がおきた。

→ 本冊 p.14

1 ウ

2 (1) エ

(2) オ

(3) 平和

(4) イ

〈 解 説 〉

1 情報通信技術は、英語の Information and Communication Technology の頭文字をとって **ICT** と呼ばれる。**SNS** は、Social Networking Service の頭文字をとったもので、Web サイトで登録した会員同士が情報を交流できるしくみである。**人工知能**は英語で artificial intelligence（AI）といい、多くの情報に基づき、コンピューターが自分で判断をして文章や画像の作成などを行うことである。**情報リテラシー**とは、さまざまな情報を入手して適切に読みとき、情報の内容を理解するだけでなく、うまく活用できる能力を指す言葉である。

2 (1)**ロック**はイギリスの啓蒙思想家で、その著書『統治二論』のなかで抵抗権を唱えた。**イ**の**マルクス**は『資本論』を著し、社会主義を唱えた。**ウのリンカン**は、アメリカ南北戦争のときに北部を指導した大統領で、**奴隷解放宣言**を出すとともに、北部を勝利に導いた。

(2)X は**自由権**の中の表現の自由、Y は**社会権**の中の**生存権**、Z は自由権の中の**経済活動の自由**である。

(3)**平和主義**は、日本国憲法の前文と**第9条**に記されている。

(4)**日本国憲法**は、国の最高法規であることから、改正には高いハードルが設けられている。各議院の「総議員の3分の2以上」の賛成で、国民投票は過半数の票を獲得しなければならない。

POINT おもな自由権として、身体の自由、精神の自由、経済活動の自由などがある。おもな社会権には、生存権、教育を受ける権利などがある。

→ 本冊 p.15

1 (1)① X…最高　Y…立法

②例 意見をより反映しやすい

(2)P…解散　Q…総辞職

(3)ウ

2 (1)三権分立

(2)ア

〈 解 説 〉

1 (1)①国会議員は、主権をもつ国民が**直接投票**で選んだ議員で組織されるため、国会の地位は、**国権の最高機関**であると定められている。また、国会は国の**唯一の立法機関**であるため、国会以外のどの機関も法律を定めることはできないと定められている。

②**衆議院**の任期は4年で解散もあるため、任期が6年で解散がない参議院に比べて、国民の意見をより反映しやすいと考えられている。**参議院**は、衆議院の行き過ぎを抑える「良識の府」とされている。

(2)行政権をもつ**内閣**は、国会が選んだ**内閣総理大臣**を中心に組織され、日本では、国会に対して連帯して責任を負う議院内閣制がとられている。そのため、国会で**内閣不信任決議**が可決されると、総辞職するか、衆議院を解散しなければならない。

(3)**ア・イ・エは民事裁判**の内容である。**刑事裁判**では、罪を犯したとして検察官に起訴された人を被告人と呼び、裁判官によって有罪・無罪、また有罪の場合はその量刑が決定される。

2 (1)それぞれが均衡を保ち、抑制し合うことで、権力の行き過ぎを抑え、国民の自由と権利を保障する。

(2)**弾劾裁判所**は、国会に設置され、裁判官が適任かどうかを判断する。

POINT 立法権は国会がもち、国会は国民が選んだ議員で構成される。行政権は内閣が行使し、内閣は内閣総理大臣と国務大臣で構成される。

13 くらしと経済

→ 本冊 p.16

1 (1) **ウ**

(2) **イ**

(3) **ア**

2 (1) **エ**

(2) 例 企業どうしの競争が弱まり、高い価格で商品を購入しなければならないこと。

────── 解説 ──────

1 (1)税金には、**国税**と**地方税**、**直接税**と**間接税**がある。**ア**の住民税は直接税の市町村税、**イ**の所得税は直接税の国税、**エ**の相続税は直接税の国税である。間接税は、消費税のほか、酒税やたばこ税、関税などがある。

(2)社会保障制度の4つの柱は、医療保険や年金保険、雇用保険などの**社会保険**、生活保護などの**公的扶助**、高齢者福祉や障がい者福祉などの**社会福祉**、感染症対策や上下水道の整備などの**公衆衛生**である。**ア**は公的扶助、**ウ**は社会福祉、**エ**は社会保険の内容である。

(3)**財政政策**は、政府が景気の安定を図るための政策である。好況のときは、不況と逆に、公共投資を減らして企業の仕事を減らし、増税して企業や家計の消費を減らそうとする。

2 (1)商品の価格がPのとき、数量が供給よりも需要のほうが多いことがわかる。商品の希少性が高く、価格が上がると考えられる。グラフの黒線が**需要曲線**、赤線が**供給曲線**で、両者が交わった点が均衡価格である。

(2)**寡占**とは、商品を供給する少数の企業が市場を支配している状態である。競争でなく、企業側の都合で価格が決定されるので、消費者には不利益になる。

POINT▶ 需要と供給には、需要量が多く供給量が少ないほど価格は上り、需要量が少なく供給量が多いほど価格は下がるという関係がある。

14 国際社会と平和

→ 本冊 p.17

1 (1)①世界人権宣言

②**イ**

③**エ**

(2) 結果…否決

理由…例 拒否権をもつ常任理事国であるアメリカが反対したから。

2 (1)**イ**

(2) マイクロ・クレジット

────── 解説 ──────

1 (1)①世界のすべての国家、国民が達成すべき目標とされている。

②難民などの保護を目的として設立された国際連合の機関とは、**国連難民高等弁務官事務所**である。**ア**は**国連児童基金**で、世界の子どもたちに食料や健康のための予防接種などを行う。**ウ**は**世界貿易機関**。**エ**は**世界保健機関**で、世界の公衆衛生や感染症対策を行っている。

③**ア**は**国連教育科学文化機関**の略称で、**世界遺産**の登録などを行っている。**イ**は**非営利組織**の略称で、民間の立場からさまざまな社会貢献活動を行う団体のことである。**ウ**は**非政府組織**の略称で、国境をこえて社会貢献や環境問題などに取り組む団体のことである。

(2)国際連合の安全保障理事会の**常任理事国**には**拒否権**が与えられていて、常任理事国の1国でも反対すると議案は否決される。常任理事国は、**アメリカ**、**ロシア**、**中国**、**イギリス**、**フランス**の5か国である。

2 (1)Yの**パリ協定**では、先進国のみならず発展途上国にも二酸化炭素などの温室効果ガスの削減義務を課した。

POINT▶ 国際連合の常任理事国は、第二次世界大戦の戦勝国5か国で、非常任理事国は、2年ごとに選挙で選ばれる10か国で構成される。

社会 数学 理科 英語 国語

高校入試模擬テスト

→ 本冊 p.18〜20

1 (1) A…ヒマラヤ山脈

　　　B…アンデス山脈

　　　C…太平洋

　　(2) ②

　　(3) イ

2 (1) ウ→ア→イ

　　(2) ① イ

　　　　② エ

　　(3) イ

3 (1) A…イ　D…ウ

　　(2) ① エ　② ウ

　　(3) ア

　　(4) イ→エ→ア

　　(5) 例 人を集めて、分業によって製品を生産する

4 (1) 公共の福祉

　　(2) イ

　　(3) ウ

5 (1) 労働組合

　　(2) 例 家計などに支払う利子よりも、企業などから受け取る利息を高くすることで利益をあげている。

　　(3) ① ア

　　　　② イ

解説

1 (1) A…世界で最も高いエベレスト山がある。

　　B…この山脈には**高山都市**と呼ばれる標高の高いところにある都市が多く、それらの都市は高山気候と呼ばれる気候帯に属している。高山気候は、低緯度であっても標高が高い位置にあるため、気温が低くなる。

　　C…**太平洋**は、世界で最も広い海洋で、太平洋の西の端に日本が位置している。三大洋はほかに、２番目に広い**大西洋**、最も狭い**インド洋**がある。

　　(2) **緯線**と**経線**が直角に交わる図法を**メルカトル図法**という。メルカトル図法では、極地域にいくほど引き延ばされて表される。赤道に近いほど、実際の距離に近くなる。

　　(3) Dの地域は、地中海沿岸である。地中海沿岸は、温帯の中でも**地中海性気候**に属しており、夏は乾燥し、冬に一定量の降水量がある。この地域で行われている地中海式農業は、乾燥する夏にかんきつ類やぶどう、オリーブなどを栽培し、一定の降水量がある冬に小麦を栽培する。温帯は、ほかに日本が属する四季がはっきりしている**温暖湿潤気候**、ヨーロッパ西岸が属する偏西風と北大西洋海流という暖流の影響で緯度のわりに暖かい**西岸海洋性気候**がある。

2 (1) **ア**の阿武隈川は、福島県から宮城県を流れる河川。**イ**の北上川は岩手県から宮城県を流れる河川。**ウ**の利根川は、千葉県と茨城県の県境となっている日本一流域面積の広い河川。南から順に、利根川→阿武隈川→北上川となる。

　　(2) ① 盛岡駅は、岩手県の県庁所在地の盛岡市にある。岩手県の伝統的工芸品は南部鉄器である。

　　　　② 金沢駅は、石川県の県庁所在地である金沢市にある。石川県の伝統的工芸品は輪島塗である。**ア**の会津塗は福島県、**ウ**の西陣織は京都府の伝統的工芸品。

　　(3) 地図中の▨▨▨は、北から北海道、茨城県、千葉県、長崎県、鹿児島県である。**ア**のさつまいもと区別が必要になってくるが、さつまいもは鹿児島県と宮崎県に広がる**シラス**(台地)での栽培が最もさかんなので、宮崎県が上位に入ってくる。よって、答えはじゃがいも。**ウ**の乳牛は、栃木県や熊本県、岩手県が上位に入る。**エ**の肉牛は、宮崎県、熊本県、岩手県が上位に入る。

3 (1) A は鎌倉時代から室町時代にかけての説明なので、12世紀から16世紀の**イ**。**土倉**や**酒屋**は、室町時代に高利貸しを行った金融業者である。D は藩という語句から江戸時代だ

とわかる。17世紀から19世紀なので**ウ**。

(2) Bは律令という語句から飛鳥時代〜奈良時代に行われた**律令政治**のこと。中央から**国司**を派遣し、地方の豪族が任じられた**郡司**が地方を治めた。**摂関政治**とは、平安時代に藤原氏が行った、娘を天皇のきさきにし、生まれた子どもを天皇にして、天皇が幼いときは**摂政**、成人してからは**関白**という地位について行った政治のこと。Cは議会政治が始まったとあることから、明治時代のこと。下線部bは明治政府の政治であると判断する。**版籍奉還**によって土地と人民を幕府から朝廷に返上させ、中央集権化を進めるために**廃藩置県**を行い、中央から**県令**を派遣した。**イ**の守護、**オ**の**地頭**は鎌倉幕府の御家人が任じられた役職で、守護は国ごとの警察や軍事を担当、地頭は**荘園**や公領ごとに置かれ、**年貢**の徴収などを行った。

(3)「かな文字」とあることから、平安時代の**国風文化**であると判断する。国際色豊かな文化とは、奈良時代の**天平文化**のこと。平安時代になって**遣唐使**の派遣が停止されたことで、日本の風土や生活にあった文化が発達した。かな文字には、漢字の一部をとってつくられたカタカナと、漢字をくずしてつくられたひらがながある。かな文字は、感情を書き表しやすかったため、かな文字を使った多くの文学作品が生まれた。代表的なものに、**紫式部**の長編小説『**源氏物語**』、**清少納言**の随筆『**枕草子**』、紀貫之の『**土佐日記**』などがある。

(4) Zは、16世紀後半から19世紀後半までの期間である。**ア**のアメリカと結んだ条約とは、下田などの2港の開港を認めたとあることから、1854年に結ばれた**日米和親条約**とわかる。1858年に結ばれた**日米修好通商条約**では、函館、横浜、新潟、神戸、長崎の5港が開かれた。開かれた港と条約は区別しておく必要がある。**イ**の貿易とは、朱印船とあることから、17世紀前半に**徳川家康**が行った**朱印船貿易**である。正式な貿易船に朱印状を渡し、東南アジアと積極的に貿易を行った。その結果、東南アジアの各地に日本町ができたが、禁教を徹底するため海外渡航や帰国を禁止したため、朱印船貿易は衰えた。**ウ**の貿

易とは、勘合とあることから、室町時代に**足利義満**が行った**日明貿易(勘合貿易)**だと判断できる。足利義満が将軍になった14世紀ごろ、大陸沿岸を荒らしていた人々を**倭寇**といい、明は倭寇の取り締まりを条件に、日本と貿易を行った。**エ**のポルトガル船の来航が禁止されたのは1639年、オランダ商館を長崎の**出島**に移したのは1641年のできごとである。江戸幕府は、キリスト教信者らが神の教えに忠実で、幕府の支配に逆らうことや、キリスト教を広めるポルトガルやスペインの植民地になることをおそれて、キリスト教を禁止し、貿易を制限する**鎖国**の体制をしいた。

(5)工場制手工業は**マニュファクチュア**ともいう。

4 (1)**公共の福祉**とは、社会全体の共通の利益であり、人権と人権がぶつかるときに調整する考え方である。表現の自由はプライバシーの権利とぶつかることがあるので公共の福祉によって制限を受けることがある。また、感染症などにかかった際、移動制限が設けられることも、他人の生命を脅かすことがあるため公共の福祉によって制限される例がある。

(2) Xは国会から内閣に⟶が向いているので、内閣総理大臣の指名があてはまる。内閣総理大臣の任命は、天皇の**国事行為**である。Yは国会から裁判所に⟶が向いているので、裁判官の**弾劾裁判**があてはまる。憲法改正の発議は、国会が国民に対して行うものである。

(3)**ア**の**地方交付税交付金**は国から地方公共団体の財政の格差を是正するために国から交付されるもので、使い道は決められていない。**イ**の**国庫支出金**も国から支給されるものだが、使い道が決まっている。**エ**の**地方債**は、地方公共団体の借金である。

5 (1)労働組合法は、第二次世界大戦後の1945年に制定された。

(3)②この文で示された考え方は、消費税なので、すべての国民が同じ税率で負担し、税収を増やして社会保障を**充実**させるということから、大きな政府の考え方である。

1 数と式の計算

→ 本冊 p.22

1 (1) 54　(2) $-\dfrac{1}{10}$　(3) $-3x+10y$

　　(4) $\dfrac{a+8b}{15}$　(5) $24ab^3$　(6) $-6xy^2$

2 (1) **エ**　(2) $y=-\dfrac{3}{2}x+2$　(3) -9

　　(4) $a=8b+5$　(5) $7x+5y\leqq2000$

─── 解 説 ───

1 (1)$(-3)^2\div\dfrac{1}{6}=(-3)\times(-3)\div\dfrac{1}{6}=9\times\dfrac{6}{1}=54$

(2) $\dfrac{3}{5}\times\left(\dfrac{1}{2}-\dfrac{2}{3}\right)=\dfrac{3}{5}\times\left(\dfrac{3}{6}-\dfrac{4}{6}\right)=\dfrac{3}{5}\times\left(-\dfrac{1}{6}\right)$

　　$=-\dfrac{1}{10}$

(3) $2(x+3y)-(5x-4y)$

　　$=2\times x+2\times3y-5x-(-4y)$

　　$=2x+6y-5x+4y=-3x+10y$

(4) $\dfrac{7a+b}{5}-\dfrac{4a-b}{3}=\dfrac{3(7a+b)-5(4a-b)}{15}$

　　$=\dfrac{21a+3b-20a+5b}{15}=\dfrac{a+8b}{15}$

(5)$(-3a)\times(-2b)^3$

　　$=(-3a)\times(-2b)\times(-2b)\times(-2b)$

　　$=24ab^3$

(6) $3xy\times2x^3y^2\div(-x^3y)=\dfrac{3xy\times2x^3y^2}{-x^3y}$

　　$=-6xy^2$

> **POINT** 四則計算では、
> ①累乗・かっこの中の計算
> ②乗除の計算
> ③加減の計算
> の順にする。
> かっこをはずす計算で、かっこの前の符号が−のときは、かっこの中の各項の符号を変えてはずす。
> $-(a-b)=-a+b$

2 (1)それぞれの絶対値は、3 は 3、−5 は 5、$-\dfrac{5}{2}$

　　は $\dfrac{5}{2}=2.5$、2.1 は 2.1 である。

(2) $3x+2y-4=0$

　　　　$2y=-3x+4$

　　　　$y=-\dfrac{3}{2}x+2$

(3)まず**式を簡単にしてから、代入する。**

　　$2(x-5y)+5(2x+3y)$

　　$=2x-10y+10x+15y=12x+5y$

　　$x=\dfrac{1}{2}$、$y=-3$ を代入して、

　　$12\times\dfrac{1}{2}+5\times(-3)=6-15=-9$

(4)全部のチョコレート＝配ったチョコレート＋
　　余ったチョコレート なので、$a=8b+5$

(5)代金の合計と 2000 円の大小関係を考えると、
　　等しいか 2000 円のほうが大きいので、
　　$7x+5y\leqq2000$

2 式の展開と因数分解

→ 本冊 p.23

1 (1) $x^2-12xy+36y^2$　(2) $2a^2-3$

　　(3) $2x^2+1$　(4) $2x^2-5x-13$

2 (1) $(x-3)^2$　(2) $(2x+3y)(2x-3y)$

　　(3) $(x-5)(x-6)$　(4) $a(x+4)(x-4)$

　　(5) $(x+1)(x-1)$　(6) $(x+2)(x-6)$

─── 解 説 ───

1 (1)$(x-6y)^2=x^2-2\times x\times6y+(6y)^2$

　　$=x^2-12xy+36y^2$

(2) $a(a+2)+(a+1)(a-3)$

　　$=(a^2+2a)+(a^2-2a-3)=2a^2-3$

(3)$(x+1)^2+x(x-2)=x^2+2x+1+x^2-2x$

　　$=2x^2+1$

(4)$(3x+1)(x-4)-(x-3)^2$

　　$=3x^2-12x+x-4-(x^2-6x+9)$

　　$=3x^2-11x-4-x^2+6x-9$

　　$=2x^2-5x-13$

2 (1) $x^2-6x+9=x^2-2\times3\times x+3^2=(x-3)^2$

(2) $4x^2-9y^2=(2x)^2-(3y)^2$

　　$=(2x+3y)(2x-3y)$

(3) $x^2-11x+30$

　　$=x^2+\{(-5)+(-6)\}x+(-5)\times(-6)$

　　$=(x-5)(x-6)$

(4) $ax^2-16a=a(x^2-16)=a(x+4)(x-4)$

(5) $(x+5)(x-2)-3(x-3)$
$=x^2+3x-10-3x+9=x^2-1=x^2-1^2$
$=(x+1)(x-1)$

(6) $x-3=X$ とおくと、
$(x-3)^2+2(x-3)-15=X^2+2X-15$
$=(X+5)(X-3)=(x-3+5)(x-3-3)$
$=(x+2)(x-6)$

> **POINT** 同じかたまり（この場合、$x-3$）があるときは、かっこの式を展開しないで、$x-3=X$ と**1つの文字でおきかえる**と因数分解の公式が使いやすい。

3 平方根

$\rightarrow$ 本冊 p.24

1 (1) $-\sqrt{2}$　(2) $\sqrt{3}$　(3) 4　(4) $6+2\sqrt{5}$
(5) $9-\sqrt{2}$　(6) $1-\sqrt{7}$

2 (1) **ア**　(2) 3　(3) $n=90$

解説
---

1 (1) $\sqrt{8}-\sqrt{18}=\sqrt{2^2\times2}-\sqrt{3^2\times2}=2\sqrt{2}-3\sqrt{2}$
$=-\sqrt{2}$

(2) $\dfrac{9}{\sqrt{3}}-\sqrt{12}=\dfrac{9\times\sqrt{3}}{\sqrt{3}\times\sqrt{3}}-\sqrt{2^2\times3}$
$=\dfrac{9\sqrt{3}}{3}-2\sqrt{3}=3\sqrt{3}-2\sqrt{3}=\sqrt{3}$

(3) $(\sqrt{6}+\sqrt{2})(\sqrt{6}-\sqrt{2})=(\sqrt{6})^2-(\sqrt{2})^2$
$=6-2=4$

(4) $(\sqrt{5}+1)^2=(\sqrt{5})^2+2\times\sqrt{5}\times1+1^2$
$=5+2\sqrt{5}+1=6+2\sqrt{5}$

(5) $\sqrt{8}-\sqrt{3}(\sqrt{6}-\sqrt{27})$
$=2\sqrt{2}-\sqrt{3}(\sqrt{6}-3\sqrt{3})$
$=2\sqrt{2}-\sqrt{3}\times\sqrt{6}-\sqrt{3}\times(-3\sqrt{3})$
$=2\sqrt{2}-3\sqrt{2}+9=9-\sqrt{2}$

(6) $(\sqrt{7}-2)(\sqrt{7}+3)-\sqrt{28}$
$=(\sqrt{7})^2+\sqrt{7}-6-2\sqrt{7}=1-\sqrt{7}$

2 (1) 3つとも正の数なので、**2乗しても大小関係は変わらない。**
$(3\sqrt{2})^2=18,\ (2\sqrt{3})^2=12,\ 4^2=16$ より、
$3\sqrt{2}>4>2\sqrt{3}$

(2) $0<\sqrt{5}<n<\sqrt{11}$ の各辺を2乗すると、
$0<5<n^2<11$
n は自然数だから、$n=3$

(3) $\dfrac{\sqrt{40n}}{3}=2\sqrt{\dfrac{10n}{9}}$ が整数になるので、自然
数 m を用いると、$n=10\times9\times m^2$ という形
になる。
$m=1$ のとき n は最小になり、$n=90$

> **POINT** $a>0$ のとき、$\sqrt{a^2}=a$ であるから、根号のついた数が整数となるためには、根号の中が自然数の2乗の形になるようにする。

4 1次方程式と連立方程式

$\rightarrow$ 本冊 p.25

1 (1) $x=-4$　(2) $x=9$　(3) $x=6$　(4) $x=3$
(5) $x=4$、$y=-2$　(6) $x=-2$、$y=3$

2 5箱

3 4人グループの数を x、5人グループの数
を y とする。
生徒の人数に関する式をつくると、
$4x+5y=200$ …①
ゴミ袋の枚数に関する式をつくると、
$200+2x+3y=314$
$\quad\quad 2x+3y=114$ …②
①、②を連立方程式として解くと、
$x=15$、$y=28$
これは問題にあっている。
4人グループの数は 15、5人グループの
数は 28

解説
---

1 (1) $6x-1=4x-9$
$6x-4x=-9+1$
$2x=-8$
$x=-4$

(2) $4(x+8)=7x+5$
$4x+32=7x+5$
$4x-7x=5-32$
$-3x=-27$
$x=9$

(3)両辺に 4 をかけて、
$$5x-2=28$$
$$5x=28+2$$
$$5x=30$$
$$x=6$$

(4)両辺に 10 をかけて、
$$13x+6=5x+30$$
$$13x-5x=30-6$$
$$8x=24$$
$$x=3$$

(5)上の式を①、下の式を②とする。

①+②
$$
\begin{array}{r}
x-3y=10 \\
+)\ 5x+3y=14 \\
\hline
6x=24 \\
x=\ 4\quad \cdots ③
\end{array}
$$

③を①に代入して、$4-3y=10$　　$y=-2$
よって、$x=4$、$y=-2$

(6)2 つの式を組み合わせた形に書きなおす。
$$
\begin{cases}
2x+y=-1 & \cdots ① \\
5x+3y=-1 & \cdots ②
\end{cases}
$$

①×3-②
$$
\begin{array}{r}
6x+3y=-3 \\
-)\ 5x+3y=-1 \\
\hline
x=-2\quad \cdots ③
\end{array}
$$

③を①に代入して、
$$2\times(-2)+y=-1\quad y=3$$
よって、$x=-2$、$y=3$

POINT　係数が小数や分数の方程式は、両辺に同じ数をかけることで、係数を整数にできる。その際、**もともと整数の係数や数字だけの項に対しても、かけ忘れないようにする。**

2 箱の数を x 個とする。

1 箱にチョコレートを 30 個ずつ入れるとチョコレートが 22 個余るので、チョコレートの数は、$30x+22$（個）と表せる。

また、チョコレートを 35 個ずつ入れると最後の箱は 32 個になるので、チョコレートの数は、$35(x-1)+32$（個）と表せる。

よって、$30x+22=35(x-1)+32$

これを解いて、$x=5$

これは問題にあっている。

5　2 次方程式

→ 本冊 p.26

1 (1) $x=7$、-5　　(2) $x=3$、-8

(3) $x=\dfrac{-3\pm\sqrt{29}}{2}$　　(4) $x=7$、-3

(5) $x=6$、-2　　(6) $x=1$、$\dfrac{1}{5}$

2 (1) a の値…$a=2$　　もう 1 つの解…$x=-5$

(2)（ある正の整数を x とすると、）
$$(x-3)^2=64\quad x-3=\pm8$$
$$x=11、\ -5$$
x は正の整数より、$x=11$
求める正の整数は、11

(3) 底面の正方形の 1 辺の長さを x cm とすると、底面積は x^2 cm^2
側面の合計は、縦が 3 cm、横は底面の正方形の周の長さ 4x cm の長方形になるから、側面積は $12x$ cm^2
表面積は 80 cm^2 だから、
$$2x^2+12x=80$$
$$x^2+6x-40=0\quad (x-4)(x+10)=0$$
$$x=4、\ -10\qquad x>0\ \text{より、}\ x=4$$
底面の正方形の 1 辺の長さは、4 cm

解説

1 (1) $x^2-2x-35=0$　　$(x-7)(x+5)=0$
$$x=7、\ -5$$

(2) $x^2+7x=2x+24$　　$x^2+5x-24=0$
$$(x-3)(x+8)=0\qquad x=3、\ -8$$

(3) $x^2+3x-5=0$　　**解の公式**より、
$$x=\dfrac{-3\pm\sqrt{3^2-4\times1\times(-5)}}{2\times1}=\dfrac{-3\pm\sqrt{29}}{2}$$

(4) $(x-2)^2=25$　　$x-2=\pm5$　　$x=7$、-3

(5) $(x-5)(x+4)=3x-8$　　$x^2-4x-12=0$
$$(x-6)(x+2)=0\qquad x=6、\ -2$$

(6) $(5x-2)^2-2(5x-2)-3=0$
$5x-2=X$ とおくと、$X^2-2X-3=0$
$$(X-3)(X+1)=0$$

$(5x-2-3)(5x-2+1)=0$

$(5x-5)(5x-1)=0$　　$x=1、\dfrac{1}{5}$

> **POINT** (4)のように、$(x\pm○)^2=□$ となっている
> 2次方程式は、展開せず、平方根の考えを使って解
> を求める。
> また、(6)のように、同じかたまり(この場合、$5x-2$)
> があるときも、展開せず、$5x-2=X$ と**1つの文字**
> **でおきかえる**と因数分解の公式が使いやすい。

2 (1) $ax^2+4x-7a-16=0$ に $x=3$ を代入して、

$a\times3^2+4\times3-7a-16=0$

$9a+12-7a-16=0$　　$2a=4$　　$a=2$

よって、もとの式は、$2x^2+4x-30=0$

$x^2+2x-15=0$　　$(x-3)(x+5)=0$

よって、もう1つの解は、$x=-5$

---

6 比例・反比例と1次関数

→ 本冊 p.27

1 (1) $y=-5x$　(2) $x=-4$

(3) $-3\leqq y\leqq3$　(4) $a=2$、$b=-5$

2 (1) $a=6$　(2) $\dfrac{2}{7}\leqq b\leqq2$

解説

1 (1) y は x に比例するので、$y=ax$ とおく。

$x=-2$、$y=10$ を代入して、

$10=a\times(-2)$　　$a=-5$

よって、$y=-5x$

(2) y は x に反比例するので、$y=\dfrac{a}{x}$ とおく。

$x=-6$、$y=2$ を代入して、$2=\dfrac{a}{-6}$

$a=-12$　よって、$y=-\dfrac{12}{x}$

$y=3$ を代入して、$3=-\dfrac{12}{x}$　　$x=-4$

(3) $y=-2x+1$ のグラフは傾きが -2 の直線で、

$x=-1$ のとき、$y=-2\times(-1)+1=3$

$x=2$ のとき、$y=-2\times2+1=-3$

よって、y の変域は、$-3\leqq y\leqq3$

---

(4) 関数 $y=ax+b$ は、x の値が 2 増加すると、
y の値が 4 増加するので、

変化の割合 $a=\dfrac{y \text{の増加量}}{x \text{の増加量}}=\dfrac{4}{2}=2$

よって、$y=2x+b$

これに $x=1$、$y=-3$ を代入して、

$-3=2\times1+b$　　$b=-5$

> **POINT** 1次関数 $y=ax+b$ の a はグラフの傾き
> であり、変化の割合である。
>
> 変化の割合$=\dfrac{y \text{の増加量}}{x \text{の増加量}}$ で求められる。

2 (1) 点 A の y 座標は、点 B の y 座標と等しく、2

$y=\dfrac{a}{x}$ に $x=3$、$y=2$ を代入して、$2=\dfrac{a}{3}$

$a=6$

(2) 点 D の x 座標は、点 A の x 座標と等しく、3

y 座標は、点 C の y 座標と等しく、6

よって、D$(3,\ 6)$

$y=bx$ の傾き b は、点 D を通るとき最大、

点 B を通るとき最小となる。

点 D$(3,\ 6)$ を通るとき、$6=b\times3$　　$b=2$

点 B$(7,\ 2)$ を通るとき、$2=b\times7$　　$b=\dfrac{2}{7}$

よって、$\dfrac{2}{7}\leqq b\leqq2$

---

7 関数 $y=ax^2$

→ 本冊 p.28

1 (1) $a=-3$　(2) 2　(3) $a=-3$

2 (1) 3　(2) $2\sqrt{3}$

解説

1 (1) $y=ax^2$ に $x=-2$、$y=-12$ を代入して、

$-12=a\times(-2)^2$　　$-12=4a$

$a=-3$

(2) $x=2$ のとき $y=\dfrac{1}{4}\times2^2=1$、$x=6$ のとき

$y=\dfrac{1}{4}\times6^2=9$ であるから、

変化の割合$=\dfrac{y \text{の増加量}}{x \text{の増加量}}=\dfrac{9-1}{6-2}=2$

(3) $y=2x^2$ は、$x=1$ のとき $y=2\times1^2=2$、
$x=0$ のとき $y=0$ である。x の変域が
$a\leqq x\leqq1$ のとき、y の変域が $0\leqq y\leqq18$ とな
るには、$a<0$ で、$x=a$ のとき $y=18$ であ
る。

$18=2a^2 \qquad a^2=9 \qquad a=\pm3$

$a<0$ より、$a=-3$

2 (1)変化の割合$=\dfrac{y \text{ の増加量}}{x \text{ の増加量}}=\dfrac{2^2-1^2}{2-1}=3$

(2)

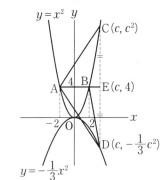

$\triangle$ABC と $\triangle$ABD の底辺を AB としたとき、
高さが等しくなればよい。

すなわち、辺 AB の延長と線分 CD の交点
を E とすると、CE＝DE となればよい。

点 C の x 座標を $c(c>2)$ とすると、
$y=x^2$ 上の点だから、C$(c,\ c^2)$

点 D の x 座標も c で、$y=-\dfrac{1}{3}x^2$ 上の点だ

から、D$\left(c,\ -\dfrac{1}{3}c^2\right)$

点 E の x 座標も c で、y 座標は点 A、B と
等しいから、E$(c,\ 4)$

よって、CE$=c^2-4$

DE$=4-\left(-\dfrac{1}{3}c^2\right)=4+\dfrac{1}{3}c^2$

これらが等しいので、$c^2-4=4+\dfrac{1}{3}c^2$

$3c^2-12=12+c^2 \qquad 2c^2=24 \qquad c^2=12$

$c=\pm2\sqrt{3} \qquad c>2$ より、$c=2\sqrt{3}$

> **POINT** 三角形の面積$=\dfrac{1}{2}\times$底辺$\times$高さ
>
> であるから、**底辺が共通な 2 つの三角形の面積が等
> しいということは、高さが等しいということである。**

---

8 平面図形と空間図形

→ 本冊 p.29

1 (1)

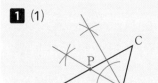

(2)

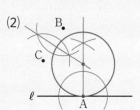

2 (1) **ア、カ**　(2) 16 cm³

(3) 2 cm　(4) 18π cm³

（解説）

1 (1) 30° の角は、**正三角形をかき、1 つの内角 60°
を 2 等分する**ことで作図ができる。

辺 AB と同じ長さの半径の円を、点 A、B
を中心にしてそれぞれかき、その交点を D
とすると、$\triangle$ABD は正三角形であり、
∠ABD＝60°

∠ABD の二等分線をかくと、辺 AC との交
点が点 P である。

(2)求める円は、直線 ℓ と点 A で接するから、
**円の中心は点 A を通る直線 ℓ の垂線上にあ
る。** また、中心が 2 点 B、C から等しい距離
にあるから、**線分 BC の垂直二等分線上にあ
る。**

よって、点 A を通る直線 ℓ の垂線と、線分
BC の垂直二等分線を作図し、その交点を中
心とした点 A を通る円をかけばよい。

> **POINT** 30° の作図は正三角形の 1 つの内角 60° を 2
> 等分する、45° の作図は垂線をかいて 2 等分するなど、
> 角度の作図には二等分線を利用することが多い。

2 (1)展開図を組み立てた見取
図をかいて考える。辺
AB は、**イ、オ**にふくま
れ、**ウ、エ**と平行、**ア、
カ**と垂直である。

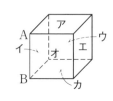

(2)正四角錐の底面は正方形で、正方形はひし形でもあるので、底面積は、$\frac{1}{2}\times$**対角線$\times$対角線**で求められる。高さが 6 cm だから、体積は

$\frac{1}{3}\times\left(\frac{1}{2}\times4\times4\right)\times6=16\ (\text{cm}^3)$

(3)**円錐の側面のおうぎ形の弧の長さと、底面の円周は等しい。**側面のおうぎ形は半円だから、

弧の長さは、$\frac{1}{2}\times2\pi\times4=4\pi\ (\text{cm})$

底面の半径を $r\ (\text{cm})$ とすると、$2\pi r=4\pi$

$r=2\ (\text{cm})$

(4)半径 3 cm の球を半分に切ったものができるので、体積は、

$\frac{4}{3}\pi\times3^3\times\frac{1}{2}=18\pi\ (\text{cm}^3)$

9 図形の性質と合同

→ 本冊 p.30

1 (1) $146°$　(2) $75°$　(3) $140°$

2 △ABD と △ECB において、

仮定より、∠DBA＝∠BCE …①

∠BCD＝∠BDC より、△BCD は

BC＝BD の二等辺三角形だから、

BD＝CB …②

AD∥BC より、平行線の錯角は等しいので、∠BDA＝∠CBE …③

①、②、③より、1 組の辺とその両端の角がそれぞれ等しいので、

△ABD≡△ECB

合同な図形の対応する辺の長さは等しいので、AB＝EC

3 △ABF と △DAG において、

AB、DA は正方形の辺なので、

AB＝DA …①

垂線なので、∠AFB＝∠DGA＝90° …②

△ABF において、内角の和は 180° だから、

∠ABF＝180°−∠AFB−∠BAF

＝90°−∠BAF …③

正方形の 1 つの内角より ∠BAD＝90°

だから、

∠DAG＝∠BAD−∠BAF

＝90°−∠BAF …④

③、④より、∠ABF＝∠DAG …⑤

①、②、⑤より、直角三角形の斜辺と 1 つの鋭角がそれぞれ等しいので、

△ABF≡△DAG

―――解説―――

1 (1)図のような直線 ℓ、m に平行な線をひく。**平行線の同位角と錯角は等しい**ことから、

$\angle x=180°-(72°-38°)$
$=146°$

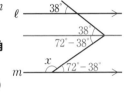

(2)図のような直線 ℓ、m に平行な線をひく。平行線の同位角は等しいことから、

$\angle x=125°-50°=75°$

(3)平行四辺形の性質より、

∠ABC＝180°−100°
＝80°

BE は ∠ABC の二等分線より、∠EBC＝40°

AE∥BC より、平行線の錯角は等しいので、

∠AEB＝∠EBC＝40°

$\angle x=180°-40°=140°$

> **POINT** 角度を求める問題は、平行線の同位角や錯角、三角形の内角の和や外角の性質、四角形の性質などが利用できないか考える。これらを利用することを意識して、補助線を入れるとよい。

2 長さが等しいことの証明には、三角形の合同や二等辺三角形の性質などを利用することが多い。三角形の合同を証明するときは、まず図の中で問題文の仮定から等しいことがわかる辺や角に同じ記号をつけ、合同条件にあうような辺や角を 3 組見つける。

3 合同を証明する三角形は直角三角形なので、**直角三角形の合同条件**が使えないか考える。

10 相似な図形

→ 本冊 p.31

1 (1) 9 cm　(2) $\dfrac{13}{2}$ cm　(3) 16 cm

2 (1) 40°　(2) 10

── 解説 ──

1 (1)△ABC と △DAC において、

∠ABC＝∠DAC、∠C は共通より、2 組の角がそれぞれ等しいので、

△ABC∽△DAC

よって、**対応する辺の比は等しいので、**

AB：DA＝AC：DC　12：AD＝8：6

AD＝9 (cm)

(2)対角線 AC をひき、線分 EF との交点を G とする。

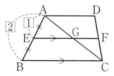

△ABC において、

EG∥BC だから、

AG：AC＝AE：AB＝1：2

点 G は辺 AC の中点だから、**中点連結定理**より、

EG＝$\dfrac{1}{2}$BC＝$\dfrac{1}{2}$×8＝4 (cm)

同様に、△CAD において、GF∥AD だから、

CF：CD＝CG：CA＝1：2

点 F は辺 CD の中点だから、**中点連結定理**より、

GF＝$\dfrac{1}{2}$AD＝$\dfrac{1}{2}$×5＝$\dfrac{5}{2}$ (cm)

よって、

EF＝EG＋GF＝4＋$\dfrac{5}{2}$＝$\dfrac{13}{2}$ (cm)

(3)△ABC において、

FG∥BC だから、

FG：BC＝AF：AB

　　　　＝2：(2＋3)

　　　　＝2：5

よって、FG＝$\dfrac{2}{5}$BC＝$\dfrac{2}{5}$×10＝4 (cm)

DG∥BC、DB∥GC だから、2 組の対辺がそ

れぞれ平行なので、四角形 DBCG は平行四辺形であり、DG＝BC

FE∥BC、FB∥EC だから、2 組の対辺がそれぞれ平行なので、四角形 FBCE は平行四辺形であり、FE＝BC

よって、

DE＝DG＋FE－FG＝BC＋BC－FG

　　　＝10＋10－4＝16 (cm)

2 (1) AD∥BC より、平行線の錯角は等しいので、

∠DAG＝∠AGB＝70°

よって、∠BAG＝∠DAG＝70° だから、

∠BAD＝∠BAG＋∠DAG＝140°

平行四辺形の隣り合う角の和は 180° だから、

∠ADC＝180°－∠BAD＝40°

(2)点 E は辺 AD の中点だから、AE＝$\dfrac{1}{2}$AD

平行四辺形の対辺の長さは等しいので、

AD＝BC であり、点 F、G は辺 BC を 3 等分するから、FG＝$\dfrac{1}{3}$BC＝$\dfrac{1}{3}$AD

よって、AE：FG＝$\dfrac{1}{2}$AD：$\dfrac{1}{3}$AD＝3：2

△AHE と △GHF において、

AD∥BC より、平行線の錯角は等しいので、

∠HAE＝∠HGF、∠HEA＝∠HFG

2 組の角がそれぞれ等しいので、

△AHE∽△GHF

相似比は、AE：GF＝3：2 だから、面積比は

3^2：2^2＝9：4

△AHE＝9 より、△GHF＝4

また、△AHE と △EGH は、底辺をそれぞれ AH、GH とすると高さが等しいので、面積比は底辺の比に等しい。

AH：GH＝AE：GF＝3：2、△AHE＝9 より、

△EGH＝$\dfrac{2}{3}$△AHE＝$\dfrac{2}{3}$×9＝6

△EFG＝△GHF＋△EGH＝4＋6＝10

> **POINT** 辺の長さが与えられていない図形の面積を求めるときは、面積比を考える。
> **相似な図形の面積比は相似比の 2 乗、高さが等しい 2 つの三角形の面積比は底辺の比である。**これらが利用できる図形を見つけよう。

11 円

→ 本冊 p.32

1 (1) 50°　(2) 128°　(3) 113°

2 (1) △EDO と △EBD において、

共通な角だから、

∠DEO＝∠BED …①

AC∥DO より、平行線の錯角は等しい

から、∠EDO＝∠DCA …②

弧 AD に対する円周角は等しいから、

∠DCA＝∠EBD …③

②、③より、∠EDO＝∠EBD …④

①、④より、2 組の角がそれぞれ等し

いので、△EDO∽△EBD

(2) 3 : 5

解説

1 (1)線分 AC は円 O の直径より、

∠ADC＝90°

弧 AB に対する円周角は等しいので、

∠ADB＝∠ACB＝40°

∠x＝∠ADC－∠ADB＝90°－40°＝50°

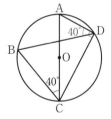

(2) 1 つの弧に対する中心角は円周角の 2 倍であ

ることから、

∠BOC＝2∠BAC＝2×30°＝60°

∠COD＝2∠CED＝2×34°＝68°

∠x＝∠BOC＋∠COD＝60°＋68°＝128°

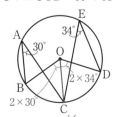

(3)∠x は、弧 AC（点 B を含まない側）の中心角

360°－134°＝226° に対する円周角であるから、

$\angle x = \frac{1}{2} \times 226° = 113°$

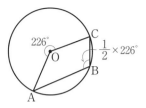

2 (2)△EAC と △EOD において、

AC∥DO より、平行線の錯角は等しいから、

∠EAC＝∠EOD …①

∠ECA＝∠EDO …②

①、②より、2 組の角がそれぞれ等しいので、

△EAC∽△EOD

相似比は AC : OD＝7 : 9 より、

EA : EO＝7 : 9

EA＝7a、EO＝9a とすると、

半径 OB＝OA＝EA＋EO＝7a＋9a＝16a

さらに、△EDO∽△EBD より、対応する辺

の比は等しいので、ED : EB＝EO : ED

ED : (OB＋EO)＝EO : ED

ED : 25a＝9a : ED

ED²＝225a²

ED＞0 より、ED＝15a

求める相似比は、

EO : ED＝9a : 15a＝3 : 5

> **POINT** 円周角の定理を使って相似の証明をする問
> 題は多い。どの弧と円周角が対応していて、どの角
> が等しいか、図をよく見て読みとろう。

12 三平方の定理

→ 本冊 p.33

1 (1) $\left(\frac{16}{3}\pi - 4\sqrt{3}\right)$ cm²　(2) 33π cm²

2 (1) $\sqrt{2}$ cm　(2) $\frac{\sqrt{2}}{3}$ cm³

3 (1) △DFE と △EHG において、長方形

の 1 つの内角を折り返したものなので、

∠DEF＝∠EGH＝90° …①

AD∥BC より、平行線の錯角は等し

いから、∠ADE＝∠CED …②

折り返したものだから、

$$\angle EDF = \frac{1}{2}\angle ADE \quad \cdots ③$$

$$\angle GEH = \frac{1}{2}\angle CED \quad \cdots ④$$

②、③、④より、

$$\angle EDF = \angle GEH \quad \cdots ⑤$$

①、⑤より、2組の角がそれぞれ等し

いので、△DFE∽△EHG

(2) $\dfrac{25}{4}$ 倍

───── 解説 ─────

1 (1)求める面積は、**おうぎ**
形 OBC の面積から
△OBC の面積をひい
たものである。

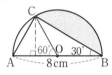

弧 AC に対する円周角 ∠ABC＝30° だから、

弧 AC に対する中心角 ∠AOC＝30°×2＝60°

よって、∠BOC＝180°－60°＝120°

おうぎ形 OBC の面積は、半径 4 cm だから、

$$\pi \times 4^2 \times \frac{120}{360} = \frac{16}{3}\pi \ (cm^2)$$

また、△OBC は底辺を OB＝4 cm とすると、

高さは正三角形 OAC の高さと等しい。

正三角形 OAC の高さを h cm とすると、直

角三角形の辺の比 $1:2:\sqrt{3}$ を利用して、

$$2:\sqrt{3}=4:h$$

よって、$h=2\sqrt{3}$ (cm)

$$\triangle OBC = \frac{1}{2} \times 4 \times 2\sqrt{3} = 4\sqrt{3} \ (cm^2)$$

よって、求める面積は、$\dfrac{16}{3}\pi - 4\sqrt{3}$ (cm²)

(2)球の中心を通るように、
平面に垂直に切断したと
きの断面は右の図のよう
になるから、**三平方の定**
理より、

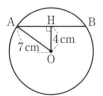

$$AH = \sqrt{7^2 - 4^2} = \sqrt{33} \ (cm)$$

切り口の円の半径は

$\sqrt{33}$ cm だから、面積は、

$$\pi \times (\sqrt{33})^2 = 33\pi \ (cm^2)$$

2 (1)線分 BD は、1辺の長さ
が1cm の正方形BCDE
の対角線だから、

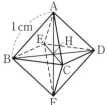

$$BD = \sqrt{1^2 + 1^2}$$
$$= \sqrt{2} \ (cm)$$

(2)正八面体は、合同な2
つの正四角錐 A–BCDE と F–BCDE に分け
ることができる。

線分 AF は、1辺の長さが1cm の正方形
AEFC の対角線だから、AF＝$\sqrt{2}$ (cm)

線分 AF の中点を H とすると、線分 AH は
正四角錐 A–BCDE において、正方形 BCDE
を底面にしたときの高さになる。

（正八面体の体積）

＝（正四角錐 A–BCDE の体積）×2

$$= \frac{1}{3} \times 1 \times 1 \times \frac{\sqrt{2}}{2} \times 2 = \frac{\sqrt{2}}{3} \ (cm^3)$$

3 (2)△DEC において、DE＝AD＝BC＝15 cm

DC＝AB＝9 cm だから、

$$EC = \sqrt{15^2 - 9^2} = 12 \ (cm)$$

よって、BE＝15－12＝3 (cm)

AF＝EF＝x (cm) とすると、

FB＝9－x (cm)

△FEB において、$3^2 + (9-x)^2 = x^2$

これを解いて、$x=5$ すなわち、AF＝5 (cm)

$$\triangle DEF = \triangle DAF = \frac{1}{2} \times 5 \times 15 = \frac{75}{2} \ (cm^2)$$

また、GD＝15－12＝3 (cm)

CH＝GH＝y (cm) とすると、

DH＝9－y (cm)

△DGH において、$3^2 + y^2 = (9-y)^2$

これを解いて、$y=4$ すなわち、GH＝4 (cm)

$$\triangle DHG = \frac{1}{2} \times 3 \times 4 = 6 \ (cm^2)$$

$$\frac{75}{2} \div 6 = \frac{25}{4} \ (倍)$$

POINT **折り返した図形は合同**なので、辺の長さや
角の大きさが等しくなるところを見つけよう。

13 データの整理

→ 本冊 p.34

1 (1) 9 冊　(2) ① 0.08　② 144　(3) 5 秒

2 (1) 4 冊　(2) **イ、ウ**

──── 解説 ────

1 (1)
第1　　　第2　　　第3
四分位数　四分位数　四分位数
$$\boxed{1 \;\; 2 \;\; 3 \;\vdots\; 3 \;\; 4 \;\; 5 \;\vdots\; 5 \;\; 6 \;\; \textcircled{8} \;\; 10 \;\; 10 \;\; 12} \;\;(冊)$$

第3四分位数は、大きいほうの6個のデータ
の中央値だから、小さいほうから9番目と
10番目の平均で、$\dfrac{8+10}{2}=9$（冊）

(2)① 度数 16、総度数 200 の相対度数だから、
$16÷200=0.08$
② 累積度数だから、$24+56+64=144$

(3) 最頻値は、度数が最も多い階級の階級値なの
で、4秒以上6秒未満の階級の階級値で、5秒

2 (1) 第1四分位数は箱の左側の辺の数値を読みと
って5冊、第3四分位数は箱の右側の辺の数
値を読みとって9冊だから、
四分位範囲＝第3四分位数－第1四分位数
$=9-5=4$（冊）

(2) **ア**…**範囲＝最大値－最小値** だから、
A組の範囲は、$12-1=11$（冊）
B組の範囲は、$11-2=9$（冊）
よって、範囲は同じではない。

イ…中央値は、箱の内部にある線を読みとる
から、
A組の中央値は、7（冊）
B組の中央値は、8（冊）
よって、A組のほうが中央値が小さい。

ウ…全体が35人なので、小さいほうから27
番目のデータが第3四分位数である。
A組は、第3四分位数が9冊なので、少
なくとも27人は9冊以下。
B組は、第3四分位数が10冊なので、9
冊以下の人は26人以下。
よって、9冊以下である生徒はA組の
ほうが多い。

エ…B組は、27番目の生徒が10冊であるこ
とがわかるので、少なくとも1人は10
冊の生徒がいるが、A組は10冊の生徒

がいるとは限らない。

POINT 全体が35人のときは、データを小さい順
に並べたとき、
$$1 \cdots 8 \;\; 9 \;\; 10 \cdots 17 \;\; 18 \;\; 19 \cdots 26 \;\; 27 \;\; 28 \cdots 35（番目）$$
　　　　　↑　　　　　　↑　　　　　　　↑
　　第1四分位数　　中央値　　第3四分位数
となる。四分位数から、大体の人数が読みとれる。

14 確率

→ 本冊 p.35

1 (1) $\dfrac{1}{2}$　(2) $\dfrac{11}{15}$

2 (1) 36 通り　(2) $\dfrac{2}{9}$　(3) $\dfrac{1}{3}$

3 (1) 3 通り　(2) $\dfrac{4}{5}$

──── 解説 ────

1 (1)
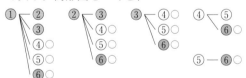

全部の出方は、$2×2×2=8$（通り）
2枚以上裏となるのは○をつけた4通りだから、
確率は、$\dfrac{4}{8}=\dfrac{1}{2}$

(2) 赤玉を①、②、③、白玉を④、⑤、青玉を⑥
で表し、樹形図をかくと、

すべての場合の数は15通り、色が異なるの
は○をつけた11通りだから、確率は、$\dfrac{11}{15}$

POINT 同じ色の玉が複数あるときは、見た目では
区別がつかないとしても、複数あれば出やすさは違
ってくるので、**番号などで区別して数える**。

2 (1) 2つのさいころの目の出方は、全部で、
$6×6=36$（通り）

(2) 2つのさいころの目の出方は表のようになり、
$n≧55$ となるのは色のついた8通り。

確率は、$\dfrac{8}{36}=\dfrac{2}{9}$

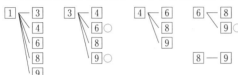

(3) 3 の倍数になるのは○をつけた 12 通りで、

確率は、$\dfrac{12}{36}=\dfrac{1}{3}$

3 (1)ひいた 2 枚のカードに書かれた数がどちらも
3 の倍数である場合は、○をつけた 3 通り。

```
1┌3        3┌4        4┌6        6┌8
 │4○         │6○         │8         │9○
 │6          │8          │9
 │8          │9○
 │9○                              8─9
```

(2)ひいた 2 枚のカードに書かれた数の積が 3 の
倍数である場合は、○をつけた 12 通り。

```
1┌3○       3┌4○       4┌6○       6┌8○
 │4○         │6○         │8○         │9○
 │6○         │8○         │9○
 │8○         │9○
 │9○                              8─9○
```

確率は、$\dfrac{12}{15}=\dfrac{4}{5}$

別解 2 枚のカードに書かれた数の積が 3 の倍
数にならない場合は次の 3 通りで、

確率は $\dfrac{3}{15}=\dfrac{1}{5}$

```
1┌4        4─8
 │8
```

よって、求める確率は、$1-\dfrac{1}{5}=\dfrac{4}{5}$

高校入試模擬テスト

→ 本冊 p.36〜38

1 (1) 4 (2) $7\sqrt{6}+3$ (3) $\dfrac{11x-8y}{21}$

(4) $-18a$

2 (1) $x=6$、$y=5$ (2) $x=0$、4

3 (1) $a=24$ (2) $a=11$ (3) $\dfrac{1}{12}$

4 (1) 50 冊

(2)

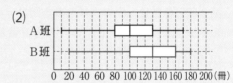

5 (1)△AEC と △BGC において、

共通な角だから、

∠ACE＝∠BCG …①

線分 AD は∠BAC の二等分線だから、

∠CAE＝∠BAD …②

弧 BD に対する円周角だから、

∠BAD＝∠BCD …③

BG∥DC より、平行線の錯角は等し

いから、

∠BCD＝∠CBG …④

②、③、④より、

∠CAE＝∠CBG …⑤

①、⑤より、2 組の角がそれぞれ等し

いので、

△AEC∽△BGC

(2)① 3 cm ② $\dfrac{16}{49}$ 倍

6

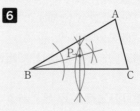

7 (1)午前 9 時 15 分

(2)
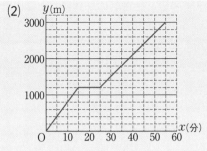
y(m)

(3) 午前 9 時 31 分 40 秒

解説

1 (1) $1-(2-5)=1-(-3)=1+3=4$

(2) $(\sqrt{6}-1)(2\sqrt{6}+9)$

$\quad=\sqrt{6}\times2\sqrt{6}+\sqrt{6}\times9-1\times2\sqrt{6}-1\times9$

$\quad=2\times6+9\sqrt{6}-2\sqrt{6}-9$

$\quad=7\sqrt{6}+3$

(3) $\dfrac{2x+y}{3}-\dfrac{x+5y}{7}=\dfrac{7(2x+y)-3(x+5y)}{21}$

$\quad=\dfrac{14x+7y-3x-15y}{21}=\dfrac{11x-8y}{21}$

(4) $-12ab\times(-3a)^2\div6a^2b=-\dfrac{12ab\times9a^2}{6a^2b}$

$\quad=-18a$

2 (1) $\begin{cases} x+3y=21 & \cdots① \\ 2x-y=7 & \cdots② \end{cases}$

$①\times2-②$

$\qquad\qquad 2x+6y=42$

$\qquad -)\ 2x-\ \ y=\ \ 7$

$\qquad\qquad\qquad 7y=35$

$\qquad\qquad\qquad\quad y=5\ \cdots③$

③を①に代入して、

$x+3\times5=21\qquad x=6$

よって、$x=6$、$y=5$

(2) $(x-2)^2-4=0\qquad (x-2)^2=4$

$x-2=\pm2\qquad x=0$、4

3 (1)点 A は $y=\dfrac{2}{3}x$ 上の点なので、y 座標は、

$x=6$ を代入して、$y=\dfrac{2}{3}\times6=4$　A(6, 4)

点 A は $y=\dfrac{a}{x}$ 上の点でもあるので、

$x=6$、$y=4$ を代入して、$4=\dfrac{a}{6}\qquad a=24$

(2)円柱の側面積は、縦 a cm、横は底面の円周と等しく、$2\pi\times4=8\pi$ (cm) の長方形の面積なので、$a\times8\pi=8\pi a$ (cm²)

底面積は、$\pi\times4^2=16\pi$ (cm²)

よって、表面積は、

$8\pi a+16\pi\times2=8\pi(a+4)$ (cm²)

これが 120π cm² であるから、

$8\pi(a+4)=120\pi\qquad a+4=15\qquad a=11$

(3) 2 つのさいころの目の出方は 36 通りで、和が 10 より大きいのは、下の表で色をつけた 3 通り。

確率は、$\dfrac{3}{36}=\dfrac{1}{12}$

大＼小	1	2	3	4	5	6
1	2	3	4	5	6	7
2	3	4	5	6	7	8
3	4	5	6	7	8	9
4	5	6	7	8	9	10
5	6	7	8	9	10	11
6	7	8	9	10	11	12

4 (1)箱ひげ図より、第 3 四分位数は 130 冊、第 1 四分位数は 80 冊だから、四分位範囲は、

$130-80=50$ (冊)

(2)最小値 20 冊、第 1 四分位数は 100 冊、第 2 四分位数は 130 冊、第 3 四分位数は 160 冊、最大値は 180 冊である。これらをもとに箱ひげ図をかく。

5 (2)①△ABC において、AE は ∠BAC の二等分線だから、

BE : CE＝AB : AC＝4 : 6＝2 : 3

よって、CE$=\dfrac{3}{5}$BC$=3$ (cm)

②(1)より、相似な図形の対応する辺の比は等しいので、

AC : BC＝EC : GC　　6 : 5＝3 : GC

GC$=\dfrac{5}{2}$

よって、AG＝AC－GC$=6-\dfrac{5}{2}=\dfrac{7}{2}$

また、△BFE と △AFG において、

対頂角は等しいので、∠BFE＝∠AFG …①

(1)より、∠CBG＝∠CAE

すなわち、∠EBF＝∠GAF …②

①、②より、2 組の角がそれぞれ等しいので、

△BFE∽△AFG

相似比は、

BE : AG$=2:\dfrac{7}{2}$

$\qquad\qquad=4:7$

面積比は、

$4^2:7^2=16:49$

よって、△BEF の面積は △AFG の面積の $\dfrac{16}{49}$ 倍

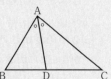

POINT ▶ (2)右の図の △ABC で、AD が ∠BAC の二等分線であるとき、

BD：CD＝AB：AC

6 BA＝BC の二等辺三角形 ABC の底角の 1 つは ∠ACB＝75° なので、

頂角 ∠ABC＝180°－75°×2＝30°

よって、∠ABC＝30° の二等分線上に点 P をとると、∠PBC＝15° となる。

また、∠PBC＝∠PCB となるから、△PBC は二等辺三角形なので、底辺 BC の垂直二等分線上に点 P がある。

よって、∠ABC の二等分線と辺 BC の垂直二等分線を作図し、その交点を P とすればよい。

別解 ∠PCB＝15° だから、

∠ACP＝∠ACB－∠PCB
　　　＝75°－15°＝60°

よって、底辺を AC とする正三角形を △ABC の内側に作図すると、△ABC は BA＝BC の二等辺三角形なので、正三角形の頂点は ∠ABC の二等分線上にある。

よって、底辺を AC とする正三角形を作図し、その頂点を P とすればよい。

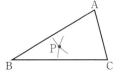

7 (1)学校から公園までは、1200÷80＝15（分）かかったので、公園に到着したのは、

午前 9 時 15 分

(2)公園に到着したのは午前 9 時 15 分、10 分間休憩、午前 9 時 25 分からまた歩き始め、公園から図書館までは、

1800÷60＝30（分）かかったから、

全部で、15＋10＋30＝55（分）

図書館に到着したのは、午前 9 時 55 分であり、グラフは、(0, 0)、(15, 1200)、(25, 1200)、(55, 3000)を結べばよい。

(3)太郎さんが学校を出発してから x 分後の、花子さんの学校からの道のり y m のグラフをか

き入れると、太郎さんが休憩した後に出会っていることがわかる。

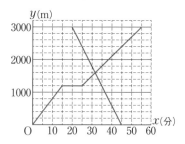

このとき、太郎さんについての x と y の式は、

$y＝60(x－25)＋1200＝60x－300$

花子さんは 25 分間で学校に到着しているので、花子さんの速さは、3000÷25＝120（m/min）

花子さんについての x と y の式は、

$y＝－120(x－20)＋3000$

$＝－120x＋5400$

これらを連立方程式として解くと、

$60x－300＝－120x＋5400$

両辺を 60 でわって、$x－5＝－2x＋90$

$3x＝95$　　$x＝\dfrac{95}{3}＝31\dfrac{2}{3}$

$\dfrac{2}{3}$ 分は $\dfrac{2}{3}×60＝40$（秒）だから、花子さんが太郎さんと出会ったのは、午前 9 時 31 分 40 秒

1 光・音・力

→ 本冊 p.40

1 (1) 10 cm

(2) 3 cm

2 (1) 100 Hz

(2) 例 振動数は少なくなり、音の高さは低くなる。

3 (1) 190 g

(2) 0.3 N

解説

1 (1)・(2)物体から凸レンズまでの距離が焦点距離の2倍のとき、物体と同じ大きさの実像が焦点距離の2倍の位置にできる。

図2より、凸レンズからスクリーンまでの距離と物体から凸レンズまでの距離が等しくなるのは、それぞれ 20 cm のときである。よって、焦点距離は、$20(cm) \times \frac{1}{2} = 10(cm)$

また、図3より、物体から凸レンズまでの距離が 20 cm のとき、像の大きさは 3 cm なので、物体の大きさは 3 cm となる。

2 (1)弦が1秒間に振動する回数を振動数といい、図より $\frac{2}{200}\left(=\frac{1}{100}\right)$ 秒で1回振動している。

よって、振動数 $= 1(回) \div \frac{1}{100}(秒) = 100(Hz)$

(2)音の高さは振動数で決まり、音の大きさは振幅で決まる。

3 (1)表より、物体が水に沈んでいないときのばねばかりの値が 1.9 N なので、物体の質量は 190 g となる。

(2)物体を水に沈めたとき、ばねばかりの値は浮力の大きさだけ小さくなるので、
$1.9(N) - 1.6(N) = 0.3(N)$

POINT 物体から凸レンズまでの距離が焦点距離の2倍よりも長いとき、像の大きさは物体よりも小さくなる。

2 電流のはたらき

→ 本冊 p.41

1 (1) 直流 (2) 80 mA (3) 9 J (4) **イ、ウ**

(5) **ア**

解説

1 (1)一定の向きに流れる電流を**直流**という。それに対して、周期的に流れる向きが変化する電流を**交流**という。

(2) 500 mA の−端子に導線がつながれているので、500 mA 端子の目盛りを読む。500 mA 端子の目盛りは1目盛りが 10 mA である。

(3)抵抗器に加わる電圧の大きさは、
電圧(V) = 抵抗(Ω) × 電流(A) より、
$20(Ω) \times 0.3(A) = 6(V)$
また、消費電力(W) = 電圧(V) × 電流(A) より、$6(V) \times 0.3(A) = 1.8(W)$
よって、電力量(J) = 電力(W) × 時間(s) より、$1.8(W) \times 5(s) = 9(J)$

(4)図1の ➡ の向き、つまり、図3ではコイルの黒く塗った部分は常に左向きの力を受けている。これは、次のようにはたらく力である。

ア…回転を進める向きにはたらく力

イ…回転を止める向きにはたらく力

ウ…回転を止める向きにはたらく力

エ…回転を進める向きにはたらく力

(5)図4のコイルの下部にはたらく力の向きは、図1のコイルの下部にはたらく力の向きと同じである。また、図4のコイルの上部にはたらく力の向きは、コイルの下部と比べて磁界の向きと電流の向きがどちらも反対になるため、コイルの下部と同じ向きである。よって、図4のコイルは、図1のコイルの下部にはたらく力の向きに平行移動するように動くと考えられる。

POINT 電流の向きか磁界の向きのどちらか一方が反対になれば、電流が磁界から受ける力の向きは反対になる。また、電流の向きと磁界の向きが両方とも反対になれば、電流が磁界から受ける力の向きは変わらない。

社会 数学 理科 英語 国語

3 物体の運動

→ 本冊 p.42

 (1) 47

(2) 59.5 cm/s

(3) 右図　(4) **イ**

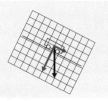

解説

1 (1) 1 秒間に 60 回打点する記録タイマーを使っているので、6 打点記録するのにかかる時間は 0.1 秒である。よって、②の区間の平均の速さは、

$$\frac{4.7[\text{cm}]}{0.1[\text{s}]} = 47[\text{cm/s}]$$

(2) ①の区間は 0.1 秒間に 2.2 cm 進む

②の区間は 0.1 秒間に 4.7 cm 進む

③の区間は 0.1 秒間に 7.2 cm 進む

④の区間は 0.1 秒間に 9.7 cm 進む

これらより、0.4 秒間に

$(2.2+4.7+7.2+9.7) = 23.8[\text{cm}]$ 進む。したがって、P 点が打点されてから Q 点が打点されるまでの平均の速さは、

$$\frac{23.8[\text{cm}]}{0.4[\text{s}]} = 59.5[\text{cm/s}]$$

(3) 斜面上にある物体には、鉛直下向きに重力がはたらいている。重力は、斜面に平行な分力と斜面に垂直な分力に分解される。作図をするときには、下図のように、重力の矢印を対角線にして、**力の平行四辺形**を斜面に平行な直線と斜面に垂直な直線を 2 辺にしてかく。

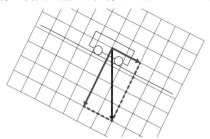

(4) (3)の結果から、台車が斜面のどこにあっても、台車には斜面に平行で下向きに、同じ大きさの力がはたらき続ける。

POINT 物体が斜面をくだるとき、速さが一定の割合で増えているのは、斜面に平行な力が一定の大きさではたらき続けるためである。

4 仕事とエネルギー

→ 本冊 p.43

1 (1) 7.2 秒　(2) 60 cm

2 (1) P 点、T 点　(2) R 点

解説

1 (1) 台車 X を 5.0 cm/s の一定の速さで、36 cm 真上に引き上げるときにかかる時間は、

時間＝距離÷速さ　より、

$36[\text{cm}] \div 5.0[\text{cm/s}] = 7.2[\text{s}]$

(2) 仕事[J]

＝力の大きさ[N]×力の向きに動いた距離[m]

で求められる。図 1 の仕事の大きさは、

$15[\text{N}] \times 0.36[\text{m}] = 5.4[\text{J}]$

図 2 において、滑車 A は動滑車なので、台車 X が斜面に沿って動いた距離を $x[\text{m}]$ とすると、手が糸を引く距離は $2x[\text{m}]$ となる。物体を同じ状態にするとき、道具を使っても仕事の大きさは変わらないという**仕事の原理**より、

$4.5[\text{N}] \times 2x[\text{m}] = 5.4[\text{J}]$　$x = 0.6[\text{m}]$

よって、台車 X が斜面に沿って動いた距離は 60 cm となる。

2 (1) 位置エネルギーは、高いところにある物体がもつエネルギーである。小球が P 点、Q 点、R 点を通る間、位置エネルギーはだんだん小さくなる。R 点を通るときは、位置エネルギーは 0 である。逆に、R 点から S 点、T 点と斜面を上がる間、位置エネルギーはだんだん大きくなっていく。よって、基準面から P 点と同じ高さの T 点では、位置エネルギーが等しくなる。

(2) **力学的エネルギー保存の法則**より、位置エネルギーと運動エネルギーの和は常に等しくなる。よって、位置エネルギーが 0 になっている R 点では、位置エネルギーがすべて運動エネルギーに移り変わっているので、運動エネルギーが最大になっている。

POINT 空気抵抗や摩擦を考えない場合、力学的エネルギー保存の法則より、力学的エネルギー（＝位置エネルギー＋運動エネルギー）は常に等しくなる。

5 気体、水溶液

→ 本冊 p.44

1 (1) アンモニア

(2) ①小さく　②溶けやすい

(3) 青色

2 (1) 20 %

(2) 5 g

(3) 硝酸カリウム

解説

1 (1)アンモニア水を加熱するとアンモニアが発生する。アンモニアは水に非常に溶けやすく、水に溶けるとアルカリ性を示すので、赤色リトマス紙が青色に変わる。

(2)アンモニアは、空気よりも密度が小さく水に溶けやすいため、上方置換法で集めるのが適当である。下方置換法は空気よりも密度の大きい気体を集めるのに適し、水上置換法は水に溶けにくい気体を集めるのに適している。

(3)BTB溶液は、酸性なら黄色、中性なら緑色、アルカリ性なら青色に変化する。アンモニアは水に溶けるとアルカリ性を示すので、BTB溶液は青色になる。

2 (1)質量パーセント濃度[%]

$$= \frac{溶質の質量[g]}{溶媒の質量[g]+溶質の質量[g]} \times 100 \ より、$$

$$\frac{25[g]}{100[g]+25[g]} \times 100 = 20[\%]$$

(2)44 ℃の水100 gにホウ酸は10 gまで溶けるので、44 ℃の水20 gに溶かすことのできるホウ酸は、$10[g] \times \dfrac{20[g]}{100[g]} = 2[g]$

よって、溶けずに残るホウ酸は、

$7[g] - 2[g] = 5[g]$

(3)溶解度曲線より、60 ℃と30 ℃の溶解度の差は、硝酸カリウムが約64 g、塩化カリウムが約9 gである。よって、溶解度の差が大きい硝酸カリウムのほうが、結晶が多く出てくる。

POINT 溶解度曲線は、100 gの水に溶ける物質の質量を表し、温度による変化が大きいほど得られる結晶も多くなる。

6 物質のすがた、化学変化と質量

→ 本冊 p.45

1 (1) 0.79 g/cm³

(2) ①イ　②エ

2 (1) (銅：酸素＝)4：1

(2) 0.32 g

解説

1 (1)密度[g/cm³]＝$\dfrac{物質の質量[g]}{物質の体積[cm^3]}$ より、

$$\frac{2.37[g]}{3.0[cm^3]} = 0.79[g/cm^3]$$

(2)エタノールの沸点は78 ℃、水の沸点は100 ℃なので、先にエタノールを多く含む気体から出てくる。

また、水の密度は、$\dfrac{17.00[g]}{17.0[cm^3]} = 1.00[g/cm^3]$

よって、(1)より、エタノールのほうが水よりも密度が小さいので、エタノールを多く含む液体のほうが同体積での質量は小さくなる。

2 (1)表より、4～6回は加熱後の物質の質量が増えていないので、銅の粉末1.40 gがすべて反応していると考えられる。このとき、銅の粉末1.40 gと結びついた酸素の質量は、

$1.75[g] - 1.40[g] = 0.35[g]$

よって、酸化銅ができるときの銅と酸素の質量の比は、銅：酸素＝1.40：0.35＝4：1

(2)表より、加熱回数が2回のときの物質の質量は1.67[g]なので、このとき、銅と結びついた酸素の質量は、$1.67[g] - 1.40[g] = 0.27[g]$

(1)より、酸化銅ができるときの銅と酸素の質量の比は4：1なので、0.27 gの酸素と結びついた銅の質量を$x[g]$とすると、

$4：1 = x：0.27$　$x = 1.08[g]$

よって、酸素と結びつかなかった銅の質量は、

$1.40[g] - 1.08[g] = 0.32[g]$

POINT 銅と酸素が結びついて酸化銅ができる反応は、化学反応式で表すと次のようになる。

$2Cu + O_2 \longrightarrow 2CuO$

このとき、酸化銅の質量は、結びついた銅の質量と結びついた酸素の質量の和となる。

7 水溶液とイオン

→ 本冊 p.46

1 (1) Cu

(2) マグネシウム、亜鉛（あえん）、銅

2 (1) $Zn \longrightarrow Zn^{2+} + 2e^-$

(2) 銅板

(3) （例）2種類の水溶液がすぐに混ざらないようにするが、電流を流すのに必要なイオンは通過させる役割。

解 説

1 (1) 硫酸銅水溶液（りゅうさんどうすいようえき）中の銅イオン Cu^{2+} が、亜鉛原子 Zn から電子を受け取って銅原子 Cu になる。

(2) 表より、マグネシウム片（へん）を硫酸亜鉛水溶液や硫酸銅水溶液に入れると金属が付着するので、マグネシウムのほうが亜鉛や銅よりもイオンになりやすいといえる。

また、亜鉛片を硫酸銅水溶液に入れると金属が付着するので、亜鉛のほうが銅よりもイオンになりやすいといえる。

2 (1)・(2) ダニエル電池では、亜鉛板が－極で、銅板が＋極となる。

－極では、亜鉛板の亜鉛原子 Zn が電子 e^- を失って亜鉛イオン Zn^{2+} になり、硫酸亜鉛水溶液中に溶（と）け出す。これを化学反応式で表すと、次のようになる。

$Zn \longrightarrow Zn^{2+} + 2e^-$

＋極では、導線から流れてきた電子 e^- を、硫酸銅水溶液中の銅イオン Cu^{2+} が受け取って銅原子 Cu となり、銅板に付着する。これを化学反応式で表すと、次のようになる。

$Cu^{2+} + 2e^- \longrightarrow Cu$

(3) セロハンには小さな穴があいているので、イオンは少しずつ通過することができる。セロハンのかわりに素焼きの容器を使用することもある。

POINT 電極として用いる2種類の金属のうち、イオンになりやすい金属が－極、イオンになりにくい金属が＋極となる。

8 酸・アルカリとイオン

→ 本冊 p.47

1 (1) $HCl + NaOH \longrightarrow NaCl + H_2O$

(2) ① 水酸化物

② 中和

(3) A、B

(4) 右図

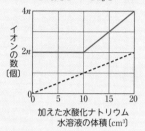

加えた水酸化ナトリウム水溶液の体積〔cm³〕

解 説

1 (1) 化学反応式は、左辺と右辺で、原子の数と種類が等しくなるように書く。

(3) マグネシウムリボンを入れると気体が発生するのは、酸性の水溶液（すいようえき）である。試験管 C は緑色になったことから中性とわかるので、試験管 C よりも、アルカリ性の水酸化ナトリウム水溶液を加えた量が少ない試験管 A、B が酸性となる。

(4) 塩化水素は、水溶液中で $HCl \longrightarrow H^+ + Cl^-$ のように電離（でんり）しており、このときのイオンの数を、$H^+ + Cl^- = n + n = 2n$〔個〕としている。電離しているイオンを[　]で表すと、中和が起こっている間は、

$HCl[H^+、Cl^-] + NaOH[Na^+、OH^-]$
$\longrightarrow NaCl[Na^+、Cl^-] + H_2O$ となり、イオンの数は $2n$ 個のままである。

実験Ⅱより、塩酸と同体積の水酸化ナトリウム水溶液を加えると BTB 溶液が緑色になるので中性となり、加えた水酸化ナトリウム水溶液が $10\,cm^3$ になるまでは、全イオンの数は $2n$ 個のままとなる。中和が起こらなくなると、加えた水酸化ナトリウム水溶液の体積に比例してイオンの数は増えていき、$20\,cm^3$ の水酸化ナトリウム水溶液を加えたときは、中和に使われなかった $10\,cm^3$ の水酸化ナトリウム水溶液中のイオン $2n$ 個が増えるので、$2n + 2n = 4n$〔個〕となる。

POINT 水溶液中に水素イオン H^+ があれば酸性となり、水酸化物イオン OH^- があればアルカリ性となる。

9 植物と光合成、感覚器官

→ 本冊 p.48

1 (1) 例 調べたい条件以外の条件を同じにして行う実験。

(2) ①② A、B〔順不同〕

③④ A、D〔順不同〕

2 (1) エ

(2) 感覚器官

解説

1 (1) 例えば、光合成に光が必要かどうかを調べたいときは、「光を当てる」「光を当てない」の条件以外は同じにして実験を行う必要がある。ほかの条件を同じにしておかないと、実験結果の差が、光によるものなのか、ほかの要因によるものなのかが判断できなくなる。

(2) 表より、ヨウ素デンプン反応のあるAの部分のみ光合成が行われていることがわかる。葉の緑色の部分で光合成が行われているかどうかを調べるには、Aとそれ以外の条件が同じBを比べる。

同様に、光合成を行うのに光が必要かどうかを調べるには、Aとそれ以外の条件が同じDを比べる。

2 (1) 耳、目、鼻などの脳に近いところにある感覚器官が受け取った刺激の信号は、直接脳に伝わる。これは、先に脊髄を通ると信号が通る経路が長くなり、脳に伝わるまでの時間が長くなるからである。

(2) 感覚器官で受け取った刺激は、信号に変えられて**感覚神経**を通り、脳や脊髄からなる**中枢神経**に伝えられる。その後、脳ではどのように反応するかの命令が出され、その命令の信号は**運動神経**を通って運動器官などに伝えられる。

POINT▶ 熱いものに触ったときに無意識に手を引っ込めるような反応を反射という。反射は、脳ではなく脊髄から直接命令が出されるため、意識して行う反応に比べて、反応するまでの時間が短くなる。

10 消化と吸収、呼吸と血液の循環

→ 本冊 p.49

1 (1) ①アミノ酸

②毛細血管

③グリコーゲン

(2) イ

(3) 例 小腸の表面積が大きくなり、効率よく養分を吸収できる。

2 (1) 動脈血 (2) エ

(3) 例 血液の逆流を防ぐ。

解説

1 (1) 胆汁以外の消化液には食物を分解して吸収しやすい物質に変える消化酵素が含まれる。胆汁は消化酵素を含まないが、脂肪を分解しやすくするはたらきがある。それぞれの消化液に含まれる消化酵素は、下表のようになる。

消化液	消化酵素	分解するもの
唾液	アミラーゼ	デンプン
胃液	ペプシン	タンパク質
すい液	アミラーゼ	デンプン
	トリプシン	タンパク質
	リパーゼ	脂肪

(2) ベネジクト液は、ブドウ糖や麦芽糖を含む溶液に加えて加熱すると、赤褐色の沈殿が生じる。

2 (1) 心臓の弁の向きから、この図はヒトの体を正面から見たものだとわかる。**動脈血**に対し、酸素の少ない血液を**静脈血**という。

(2) **ア**…ヘモグロビンは赤血球に含まれる。

イ…血液中の二酸化炭素は肺で肺胞に出され、呼気(吐く息)として体外に出される。また、アンモニアは有害で、肝臓で害の少ない尿素に変えられる。

ウ…食物繊維は消化されることなく体外に排出される。

POINT▶ 小腸の内側の壁にあるひだや柔毛により小腸の表面積は非常に大きくなっていて、効率よく養分を吸収できる。

11 生物のふえ方と遺伝

→ 本冊 p.50

1 (1)例 細胞の核や染色体を染めるため。

(2)(**ア→**)**イ→カ→エ→オ→ウ**

2 (1)下図

(2)顕性形質（または優性形質）

(3)**イ**

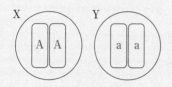

解説

1 (1)酢酸オルセイン液は、細胞の核や染色体を赤紫色に染める。また、酢酸カーミン液も同じ目的で使用できる溶液である。

(2)細胞分裂は次のような順番で進む。

①染色体が複製される（**ア**）

②染色体が見えはじめる（**イ**）

③染色体が細胞の中央に集まる（**カ**）

④染色体が 2 つに分かれる（**エ**）

⑤細胞質が 2 つに分かれる（**オ**）

⑥細胞が 2 つに分かれる（**ウ**）

2 (1)丸い種子をつくる純系のエンドウには A の遺伝子のみがあり、しわのある種子をつくる純系のエンドウには a の遺伝子のみがある。純系のエンドウは同じ種類の遺伝子のみをもつ。

(3)子 Z を自家受粉させると、孫の代の遺伝子の組み合わせは右の表のようになる。A が顕性形質なので、aa のみがしわのある種子となる。よって、孫の代で得られる種子の形は、

子Zの 遺伝子	A	a
A	AA	Aa
a	Aa	aa

丸（AA、Aa）：しわ（aa）＝3：1 より、しわのある種子のおよその数は、

1000〔個〕×$\frac{1}{4}$＝250〔個〕

POINT 対立形質の純系どうしをかけあわせたときに子に現れない形質のことを、潜性形質という。

12 生物どうしのつながり

→ 本冊 p.51

1 (1)消費者

(2)①**イ** ②**ウ**

(3)**イ**

2 (1)A

(2)例（ビーカー A の実験だけでは、）実験結果が微生物の影響かわからないため。

解説

1 (1)植物などの有機物をつくりだす生物を**生産者**、草食動物や肉食動物などのほかの生物を食べることで有機物を得る生物を**消費者**、菌類・細菌類などの微生物や土壌動物のように生物の死がいやふんなどから栄養分を得ている生物を**分解者**という。

(2)生産者である植物は、無機物である二酸化炭素を使って光合成を行い、有機物であるデンプンをつくる。よって、図 1 の矢印 p が光合成による二酸化炭素の流れを表す。矢印 q は植物の呼吸による二酸化炭素の流れを表す。

(3)数量的なつり合いがとれた状態では、肉食動物の数量が最も少なく、植物の数量が最も多い。よって、K は肉食動物で、L は植物である。草食動物の数量が急激に減ったとき、草食動物を食べている肉食動物の数量は減り、草食動物に食べられている植物の数量は増える。

2 (1)ヨウ素液は、デンプンに反応して青紫色になる。ビーカー A はヨウ素デンプン反応がないので、デンプンがなくなっていることがわかる。

(2)ビーカー B に入れた土は十分に焼いているため、微生物はすべて死んでいると考えられる。ビーカー B でも同時に実験を行うことで、デンプンがなくなったのが微生物のはたらきによるものかどうかがわかる。

POINT 生物どうしの食べる・食べられるの関係を食物連鎖といい、これが生態系において網の目のように絡みあうようすを食物網という。

13 火山と地震

→ 本冊 p.52

1 (1) 石基

  (2) ①**イ** ②**エ**

2 (1) **ア**

  (2) 午前 9 時 23 分 51 秒

解 説

1 (1)火成岩は、**斑状組織**の**火山岩**と、**等粒状組織**の**深成岩**に大きく分類することができる。それぞれの主な岩石をまとめると、下の表のようになる。

	岩石の種類		
火山岩 (斑状組織)	玄武岩	安山岩	流紋岩
深成岩 (等粒状組織)	斑れい岩	閃緑岩	花こう岩
マグマの粘り気	弱い ◄———► 強い		

  (2)マグマの粘り気によって火山の形が異なり、マグマの粘り気が弱いほど傾斜のゆるやかな形の火山ができる。また、マグマの粘り気が弱いほど噴火活動は穏だなものになりやすい。

2 (1)地震自体の規模は**マグニチュード**で表され、各地点での揺れの程度は**震度**で表される。地震のエネルギーは、マグニチュードが 1 大きくなると約 32 倍、2 大きくなると 1000 倍になる。

  (2)P 波と S 波が一定の速さで伝わるとき、初期微動継続時間は震源からの距離に比例する。よって、地点 B での初期微動継続時間は、

$$10[秒] \times \frac{144[km]}{80[km]} = 18[秒]$$

初期微動が始まってから主要動が始まるまでの時間が初期微動継続時間なので、地点 B で主要動が始まる時刻は、

午前 9 時 23 分 33 秒＋18 秒

       ＝午前 9 時 23 分 51 秒

POINT P 波は初期微動を伝える波で、S 波は主要動を伝える波である。

---

14 地層のようす

→ 本冊 p.53

1 (1) 示準化石

  (2) 例 堆積した順に泥、砂、れきと粒が大きくなっているので、水深はしだいに浅くなったと考えられる。

  (3) 右図

2 (1) フィリピン海プレート

  (2) **ウ**

解 説

1 (2)地層は、一般に下の層ほど古い。海に運ばれた泥、砂、れきは、細かい粒のものほど水深の深い遠くへ運ばれる。

  (3)地点 A、B の凝灰岩の標高が同じなので、東西方向の傾きはないことがわかる。よって、地点 D では地点 C と同じ標高に凝灰岩の層があると考えられ、これは地表からの深さ 30 ～ 40 m の部分である。

また、下図のように、縦軸を標高にした柱状図で考えてもよい。

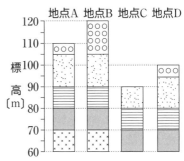

2 (1)・(2)図のプレートの境界は、海洋プレート(フィリピン海プレート)と大陸プレート(ユーラシアプレート)の境界を表している。日本列島の下では、大陸プレートの下に海洋プレートが沈み込み、震源が深い地震は沈み込む海洋プレートに沿って発生する。

POINT 地層の柱状図は、標高をそろえたものにかき直すと傾きがわかりやすくなる。

15 気象観測と天気の変化

→ 本冊 p.54

1 (1) 11 ℃　(2) **ア**

2 (1) 250 Pa

(2) ① **ア**　② **ウ**　③ **カ**

◯ 解説 ◯

1 (1)地表からの高さが 950 m の地点で雲ができ始めたので、このときの温度が露点である。空気の温度は 100 m 上昇するごとに 1.0 ℃下がるので、地表からの高さが 950 m の空気の温度は、

$$20[℃]-1.0[℃]\times\dfrac{950[m]-50[m]}{100[m]}=11[℃]$$

(2)(1)より、この空気の露点は 11 ℃ なので、この空気には 10 g/m³ の水蒸気が含まれることが図よりわかる。地表からの高さ 50 m の気温は 20 ℃ で、図より 20 ℃ の空気の飽和水蒸気量は約 17.3 g/m³ である。よって、湿度[%]

$$=\dfrac{空気1m^3 中に含まれる水蒸気量[g/m^3]}{同じ気温での飽和水蒸気量[g/m^3]}\times100$$

より、$\dfrac{10[g/m^3]}{17.3[g/m^3]}\times100=57.8\cdots[\%]$

2 (1) 1000 g の物体にはたらく重力の大きさは、

$$1[N]\times\dfrac{1000[g]}{100[g]}=10[N]$$

また、400 cm²=0.04 m² である。

$$圧力[Pa]=\dfrac{力の大きさ[N]}{力がはたらく面積[m^2]}　より、$$

$$\dfrac{10[N]}{0.04[m^2]}=250[Pa]$$

(2)気温が高いほうに上昇気流が発生して気圧が低くなり、気温が低いほうに下降気流が発生して気圧が高くなる。この気圧差により海風や陸風が吹く。

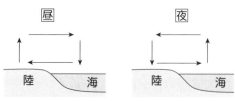

POINT 空気の温度が下がり、含まれている水蒸気が水滴に変わるときの温度を露点という。

16 太陽系の天体

→ 本冊 p.55

1 (1) ① **エ**　② **カ**

(2) **イ**

2 (1) **ア**、**イ**

(2) ① 恒星（こうせい）　② 衛星

◯ 解説 ◯

1 (1)図の隣（となり）どうしの●の間の角度は、

$$360[°]\div12=30[°]$$

北の空の星は 1 年（12 か月）で反時計回りに 1 周するように見えるので、3 か月後の位置は、

$$360[°]\times\dfrac{3}{12}=90[°]　だけ反時計回りに動いた位置になる。$$

また、1 日（24 時間）でも反時計回りに 1 周するように見えるので、4 時間後の 23 時の位置は、$360[°]\times\dfrac{4}{24}=60[°]$ だけ反時計回りに動いた位置になる。

(2)**ア**…北極点付近ではこのように見える。

イ…赤道上では、日本などの北半球と同じように反時計回りに動くように見えるが、北極星が地平線上にある点が異なる。

ウ…南半球の中緯度（いど）ではこのように見える。

エ…日本など、北半球の中緯度ではこのように見える。

2 (1)惑星（わくせい）は、密度の大きい**地球型惑星**と、密度の小さい**木星型惑星**に分けられる。地球型惑星は主に岩石でできているため密度が大きく、木星型惑星は主に気体などでできているため密度が小さい。

地球型惑星には、水星、金星、地球、火星があり、木星型惑星には、木星、土星、天王星、海王星がある。

(2)太陽と、太陽のまわりの天体をまとめて**太陽系**という。

POINT 天球上の星座は、1 年で 360° 動き、1 か月では 30° 動くように見えるため、季節によって見える星座が異なる。このような、地球の公転による星の 1 年間の見かけの動きを、星座の星の年周運動という。

高校入試模擬テスト

→ 本冊 p.56〜58

1 (1)**エ** (2)① 77 ② 71

2 (1) 脊椎動物 (2)**エ** (3)**イ**

3 (1) 二酸化炭素

(2)①②③ NaCl、H₂O、CO₂〔順不同〕

(3)**ウ**

4 (1) 3 月 26 日 (2)①**イ** ②**エ** ③**キ**

(3) A…高気圧 B…低気圧

5 (1) (CuCl₂ ⟶) Cu²⁺ + 2Cl⁻

(2) 塩素 (3)**ウ**

6 (1) B (2)**イ** (3)①**イ** ②**エ**

(4)(例) 太陽、地球、月の順に一直線に並んだとき。

解説

1 (1)光は、入射角＝反射角となるように反射する。目の位置と鏡の上端の高さが等しいので、目より上の部分は鏡にうつらない。下側は、目の高さから鏡の下端までの長さ 52 cm の 2 倍の長さ、つまり目の高さから 104 cm の部分まで鏡にうつる。

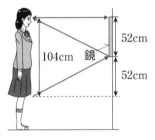

(2)全身をうつすのに必要な鏡の長さは、身長の $\frac{1}{2}$ 倍の長さの 77 cm である。また、目の高さの $\frac{1}{2}$ 倍の長さの 71 cm の位置に、鏡の下端がくるように設置すればよい。

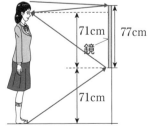

POINT 光が平面で反射するとき、入射角＝反射角となることから、鏡に全身をうつすには、少なくとも身長の半分の長さの鏡が必要になる。

2 (1)背骨をもつ動物を**脊椎動物**といい、背骨をもたない動物を**無脊椎動物**という。脊椎動物には、魚類、両生類、ハ虫類、鳥類、哺乳類がある。また、無脊椎動物には、節足動物、軟体動物などがある。

(2)外とう膜をもつのはイカ、タコ、貝類などの軟体動物である。クラゲは刺胞動物、エビは節足動物、ウニはキョク皮動物に分類される。

POINT 脊椎動物には次のような特徴がある。ハ虫類や鳥類の卵に殻があるのは、乾燥などから卵を保護するためである。

	呼吸	生まれ方	体温調節
魚類	えら	卵生（殻なし）	変温動物
両生類	幼生：えらと皮膚　成体：肺と皮膚	卵生（殻なし）	変温動物
ハ虫類	肺	卵生（殻あり）	変温動物
鳥類	肺	卵生（殻あり）	恒温動物
哺乳類	肺	胎生	恒温動物

3 (1)・(2)炭酸水素ナトリウムと塩酸が反応すると、塩化ナトリウム、水、二酸化炭素ができる。化学反応式は、矢印の左側に反応前の物質を書き、右側に反応後の物質を書く。このとき、反応の前後で、原子の種類と数が等しくなるようにする。

(3)容器のふたを開けると、反応によってできた二酸化炭素が逃げるため、容器全体の質量は減少する。

POINT 化学変化の前後で物質全体の質量が変わらないことを質量保存の法則という。これは、化学変化の前後で物質をつくる原子の組み合わせは変わるが、原子の種類や数は変わらないために成り立つ。

4 (1)図 1 より、3 月 25 日は、午前中から 14 時ごろにかけて気温が上がり、湿度は逆に下がっているので晴れの日と考えられる。3 月 26 日は、1 日中湿度が高く、1 日の気温の変化が小さいので、くもりや雨の日と考えられる。よって、9 時ごろから 18 時ごろまで雨が降っていたのは、3 月 26 日となる。

(2)雨の日は湿度が高くなる。

湿度〔%〕
$$= \frac{空気 1\,m^3 中に含まれる水蒸気量〔g/m^3〕}{同じ気温での飽和水蒸気量〔g/m^3〕} \times 100$$

より、飽和水蒸気量に対して、実際に空気中に含まれる水蒸気量の割合が大きいと湿度は高くなる。

飽和水蒸気量とは、空気 1\,m³ 中に含むことのできる最大の水蒸気量のことである。

(3)図 1 より、3 月 25 日は晴れの日と考えられるので A は高気圧、3 月 26 日は雨やくもりの日と考えられるので B は低気圧となる。

> **POINT** 晴れの日は、日の出ごろが最低気温となり、14 時ごろが最高気温となる。くもりや雨の日は、湿度が高く、気温の変化が小さくなる。また、日本列島の上空には偏西風が吹いているため、天気は西から東に変わることが多い。

5 (2)塩化銅水溶液を電気分解すると、陽極から塩素が発生し、陰極に銅が付着する。

(3)**ア**…塩素が発生したかどうかを確かめる方法。塩素の漂白作用により、色が透明になる。

イ…二酸化炭素が発生したかどうかを確かめる方法。石灰水に二酸化炭素を通すと、石灰水が白く濁る。

ウ…水素が発生したかどうかを確かめる方法。火のついたマッチを水素に近づけると、音を立てて燃える。

エ…アンモニアが発生したかどうかを確かめる方法。アンモニアは水に非常に溶けやすく、水に溶けるとアルカリ性を示すため、赤色リトマス紙が青色に変わる。

うすい塩酸を電気分解すると、陽極からは塩素が発生し、陰極からは水素が発生する。

> **POINT** 電源装置の＋極と接続した電極が陽極、－極と接続した電極が陰極である。陽極では原子やイオンが電子を失い、陰極では原子やイオンが電子を受け取る。塩素 Cl_2 の発生は塩化物イオン Cl^- が電子を失う反応なので陽極で起こり、銅 Cu の発生は銅イオン Cu^{2+} が電子を受け取る反応なので陰極で起こる。水素 H_2 の発生は水素イオン H^+ が電子を受け取る反応なので、陰極で起こる。

6 (1) A は上弦の月、C は下弦の月、D は新月である。月の満ち欠けは、新月→上弦の月→満月→下弦の月→新月の順でくり返し起こる。

(2)満月から次の満月までは、約 29.5 日かかる。よって、図の B（満月）から 8 日後は C（下弦の月）付近に月がある。

(3)同じ時刻に月を観察すると、1 日に約 12° ずつ西から東へ移動する。これは、月が地球のまわりを公転しているのが原因である。

(4)月が地球の影に入る現象を**月食**といい、太陽が月に隠される現象を**日食**という。

> **POINT** 地球は地軸を中心に 1 日で 1 回転しており、これを自転という。また、自転しながら太陽のまわりを 1 年に 1 周しており、これを公転という。月は地球のまわりを公転している衛星である。

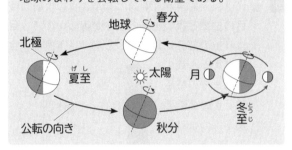

1 be 動詞・一般動詞

→ 本冊 p.60

1 (1) am　(2) were　(3) are　(4) were
　(5) be

2 (1) drank　(2) is　(3) studies　(4) told
　(5) went

3 (1) does not use this computer
　(2) bought a new car
　(3) is very good at math
　(4) Are these books yours

― 解説 ―

1 (1)「私は今、サッカー部の一員です。」
　(2)「ケンジと私はそのときおなかがすいていませんでした。」
　(3)「これらは彼のラケットです。」
　(4)「10 年前にはこの町にたくさんのお店がありました。」ten years ago に注意。There is ～.「～がある。」構文の複数・過去形。
　(5)「あなたは夜に外出するときは気をつけるべきです。」should「～するべき」という助動詞の後ろは動詞の原形なので be を選ぶ。

2 (1)「彼女は学校に到着したときに冷たい水を飲みました。」drink の過去形は drank。
　(2)「私の友達のうちの 1 人が今、公園にいます。」
　(4)「彼はそのことについて先週、私に教えてくれました。」tell の過去形は told。
　(5)「私は先日、和食のレストランに行きました。」the other day は「先日」で、過去を表す英文で使う。go の過去形は went。

3 (2) bought は buy の過去形。
　(3) be good at ～で「～が得意である」。
　(4) yours は「あなたのもの」という所有代名詞。

POINT 過去を表す語句：yesterday「昨日」、then「そのとき」、last ～「この前の～」、the other day「先日」、before「以前に」、～ ago「～前に」

2 進行形・未来表現

→ 本冊 p.61

1 (1) raining　(2) knows　(3) will
　(4) No, I'm not.

2 (1) was not writing a letter
　(2) Will she be fifteen years old
　(3) were you doing when
　(4) am going to cook curry and rice for

3 (1) Where were they studying at that time?
　(2) We are planning to look at the stars in July.
　(3) I think (that) she will like it.

― 解説 ―

1 (1)「雨が降っているのでナナは来ないだろうと思います。」現在進行形。
　(2)「彼はそのニュースについてよく知っています。」状態を表す動詞 know は進行形にしない。
　(3)「オープンしたら多くの人々が新しい美術館を訪れるでしょう。」未来表現。
　(4)「あなたは今、辞書を使っていますか。」と質問されて、「使っていいですよ。」と答えているので、No, I'm not.「いいえ（使っていません）。」を選ぶ。

2 (1)進行形の否定文の問題。過去を表す then「そのとき」があるので、be 動詞は過去形の was。
　(2) will を使った未来表現の疑問文。
　(3)過去のある時（when 以下）のことをたずねる過去進行形。
　(4) be going to を使った未来表現。

3 (1)過去進行形。（　）内の at は「そのとき＝at that time」で使う。
　(2)現在進行形。planning のつづりに注意。
　(3)「私は思います」をまず作り、think の後ろに思う内容の英文を続ける。

POINT 進行形〈be 動詞＋動詞の ing 形〉と未来表現〈be 動詞＋going to＋動詞の原形〉の区別に気をつける。

3 疑問詞

1 (1) What　(2) How　(3) Where

(4) What　(5) Whose

2 (1) What time does your school begin

(2) How will the weather be

(3) How many CDs do you have

(4) Which train goes to

3 (1) Which [What] country [countries],

want to

(2) How long, take

(3) What were, talking about

〈 解説 〉

1 (1) A「あなたは昨日、夕食後に何をしましたか。」
B「私は弟と一緒にテレビゲームをしました。」

(2) A「あなたの妹は何歳ですか。」B「9 歳です。」

(3) A「あなたはどこにかばんを置きましたか。」
B「机の下に置きました。」

(4) A「この花の日本語での名前は何ですか。」
B「私たちはそれを日本語でひまわりと呼び
ます。」

(5) A「あれは誰の自転車ですか。」
B「ボブのだと思います。」

2 (1) What time 〜? で時間をたずねる。「あな
たの学校は何時に始まりますか。」

(2) 疑問詞 How を使った未来表現の疑問文。「明
日の天気はどうなるでしょうか。」

(3) How many 〜? で数をたずねる。「あなた
は CD を何枚持っていますか。」

(4) Which＋名詞で「どの〜」。「どの電車がみな
み駅へ行きますか。」

3 (2) かかる時間をたずねるときは How long
does it take 〜? となる。未来形なら does
は will に、過去形なら did になる。

(3) 疑問詞 What を使った疑問文。「〜について
話す」は talk about 〜。

POINT How long 〜? で期間をたずねられたら、
for で答えることが多い。For two hours. など。

4 助動詞

→ 本冊 p.63

1 (1) Shall we　(2) have to　(3) is able

(4) must not

2 (1) may not　(2) must be

(3) May [Can] I　(4) don't have

3 (1) should [must] see　(2) Can

(3) Would, like　(4) Shall [Can], help

〈 解説 〉

1 (1)「次の日曜日にハイキングに行きませんか。」
相手を誘う表現は Let's 〜. と Shall we 〜?
がある。

(2) 義務を表す must と同意の have to。「私は
午後 5 時までに帰らないといけません。」

(3) can＝be able to である。「メアリーはピア
ノを上手に弾くことができます。」

(4) Don't 〜. を使った禁止の命令文を、〈主語
＋must not 〜.〉で書きかえる。

2 (1) may 〜には「〜かもしれない」の意味もある。

(2) must 〜には「〜に違いない」の意味もある。

(3) 相手に許可を求める表現。

(4) don't have to 〜で「〜する必要はない」。

3 (1) see a doctor で「医者にみてもらう」。助動
詞 should は義務や必要性が高いときに使う。
must の方が命令の意味に近い。

(2) B が Sorry, I can't. と答えていることから、
A は Can を使ってたずねているとわかる。

(3) B は No, thank you.「いいえ、結構です。」
と答えているので、何かをすすめる表現の
Would you like 〜? となる。

(4) B が yes, please.「お願いします。」と答え
ていることから、Shall I 〜?「(私が) 〜しま
しょうか。」となる。

POINT Would you like 〜?「〜はいかがですか」。
would like to 〜では「〜したい」となり want
to 〜と同様の意味。

5 動名詞・不定詞

→ 本冊 p.64

1 (1) give me something to drink

(2) wants me to come

(3) riding a bike when I was

(4) is difficult for them to

(5) happy to hear that

2 (1) enjoyed playing

(2) Speaking, front of

(3) where to buy   (4) Let me see

(5) helped me carry

3 (1) My father asked me to help Tom.

(2) I forgot writing the letter three years ago.

――― 解 説 ―――

1 (1)「私に何か飲むものをくれませんか。」

(2)〈want＋人＋to ～〉で「人に～してほしい」。

(4) that 以下は仮主語 it の英文。for の直後の人が to 以下の動詞の主語になる。「彼らにとって日本に来ることは難しいと私は思います。」

(5)感情を表す形容詞のあとに不定詞を置くと「～して」の意味になる。

2 (1)〈enjoy＋動名詞〉で「～することを楽しむ」。enjoy は目的語に動名詞のみを使う。

(2)動名詞が主語の働きをする。仮主語 it を使った書きかえができる。It is not easy for me to speak in front of people.

(3)〈疑問詞＋不定詞〉で表し、名詞の働きをする。この場合は know の目的語になっている。

(4)〈let＋人＋動詞の原形〉で「人に～させる」。

(5)〈help＋人＋動詞の原形〉で「人が～するのを手伝う」。

3 (1)〈ask＋人＋to ～〉で「人に～するよう頼む」。

(2)〈forget＋動名詞〉で「～したことを忘れる」。〈forget＋不定詞〉で「～するのを忘れる」。

POINT 他に動名詞と不定詞で意味が変わるのは、〈remember＋**動名詞**〉「～したことを覚えている」、〈remember＋**不定詞**〉「忘れずに～する」。

6 比 較

→ 本冊 p.65

1 (1) warmer   (2) easier   (3) highest

(4) most   (5) important

2 (1) the most interesting movie that

(2) cannot sing as well as

(3) one of the most popular

3 (1) better than, other

(2) No other, as old

4 (1) three times as, as

(2) as soon as possible

(3) less [younger] than

――― 解 説 ―――

1 (2)比較級の強調は much「ずっと、はるかに」。「私にとっては英語を読むことは書くことよりもずっと簡単です。」

(4)量の多さを表す形容詞 much の最上級。活用は much-more-most。

(5)〈as＋原級＋as …〉で「…と同じくらい～だ」。「健康ほど大切なものはありません。」

2 (2)〈as＋原級＋as …〉の否定文。

(3)〈one of the＋最上級＋複数名詞〉で「最も～な…のうちの１つ」。

3 (1)最上級の文を比較級で書きかえる。〈比較級＋than any other＋単数名詞〉。「ジャックはそのサッカークラブのほかのどの選手よりも上手です。」

(2)〈No other＋単数名詞〉で書き始めて〈as＋原級＋as …〉を使い、最上級の文を書きかえる。「日本のほかのどの寺も飛鳥寺ほど古くありません。」

4 (1)「…の X 倍～」は〈X times as ～ as …〉。

(2)〈as ～ as possible〉「できるだけ～」。〈as ～ as＋主語＋can〉でも書きかえ可能。

(3)〈less than ～〉で「～未満」。活用は little-less-least。

POINT 「2 倍」は twice。3 倍以降は **数詞と** times で表す。

社会 数学 理科 **英語** 国語

35

7 受け身

→ 本冊 p.66

1 (1) called　(2) spoken　(3) be held

(4) covered

2 (1) this cake made by your mother

(2) is respected by people

(3) is not written in

(4) is made of wood

3 (1) known as

(2) cannot[can't] be seen

(3) was born in

4 (1) The desk must be used by my brother.

(2) The song is sung by many[a lot of] people.

解説

1 (1)「長い鼻のこの大きな動物は日本語で象と呼ばれます。」

(3)〈助動詞＋be＋過去分詞〉。「彼女の誕生日パーティーは来月に開かれる予定です。」

(4)〈be covered with ～〉で「～におおわれる」。「私の家の屋根は落ち葉におおわれていました。」

2 (1)受け身の疑問文。「このケーキはあなたのお母さんによって作られたのですか。」

(2)「彼は周りの人々に尊敬されています。」

(4)何から作られたのか、材料が見てわかるときは〈be made of ～〉。「このいすは木で作られています。」材料が見てわからないときは〈be made from ～〉となる。

3 (1)〈be known as ～〉「～として知られている」。

(2)「できない」なので cannot。「その塔は」が主語になっているので受け身で表現する。

(3)〈be born in ～（地名）〉で「～で生まれる」。

4 (1)「～に違いない」は助動詞 must で表す。

(2) sing「歌う」の活用は、sing-sang-sung。

POINT 〈be known to ～〉「～に知られている」／〈be known for ～〉は「～で知られている」となり、〈be famous for ～〉と同様の意味になる。

8 現在完了

→ 本冊 p.67

1 has been

2 (1) since　(2) met　(3) eaten

3 (1) have never heard

(2) many times have, been

4 have you been looking

5 (1) I have been studying Japanese since I got up this morning.

(2) I haven't written (a letter) to my grandmother yet.

解説

1 A「メアリーがどこにいるか知っていますか。」B「はい。彼女は家にいます。今日は学校に来ませんでした。」　A「何があったのですか。」B「彼女は先週から調子が悪いです。明日は学校に来てくれたらいいのですけれど。」

2 (1)現在完了進行形〈have[has] been＋動詞のing 形〉。過去に始まった動作が現在まで続いていることを表す。「私は今朝10時からずっとこの本を読んでいます。」

(3)現在完了の経験。「あなたは今までにお雑煮を食べたことがありますか。」

3 (1)「一度も～ない」とあるので never を使う。

(2) How many times ～? で回数をたずねる。

4 現在完了進行形〈have[has] been＋動詞のing 形〉の疑問文。A「あなたは今朝からずっと何を探しているのですか。」B「私の辞書です。父が私に買ってくれたものです。」

5 (1)「ずっと勉強している」とあるので、現在完了進行形を使う。since の後ろは過去時制の英文にする。

(2)「まだ～していない」は現在完了・完了の否定文。否定文の「まだ」は文末の yet で表す。

POINT How many times ～? の質問には、once (1回)、twice(2回)、数詞＋times(～回)、never (一度もない)などで答える。

9 文構造

→ 本冊 p.68

1 (1) to me　(2) for my parents

　　(3) makes him happy

2 (1) how many hours it takes to go

　　(2) you some pictures of it

　　(3) am afraid that it will rain

　　(4) glad to hear that all your neighbors

3 (1) what, was saying

　　(2) taught[told] us, should

　　(3) named his dog

4 I think (that) understanding different cultures is important[it is important to understand different cultures].

―――解 説―――

1 (1)〈SVOO〉第 4 文型を〈SVO＋to＋人〉で書きかえる。

　　(2)〈SVOO〉第 4 文型を〈SVO＋for＋人〉で書きかえる。

　　(3)〈SVOC（補語）〉第 5 文型で書きかえる。

2 (1) how 以下は間接疑問文。語順に注意。「私は飛行機でロンドンへ行くのに何時間かかるかを知りたいです。」

　　(2)〈SVOO〉の第 4 文型。it は前文の the baby lion のこと。「私はそれの何枚かの写真をあなたに見せましょう。」

　　(3)〈be 動詞＋形容詞＋that 節〉。「私は明日雨が降るのではないかと心配です。」

　　(4)「私は近所の人たちが皆あなたに親切だと聞いて嬉しく思います。」

3 (1) understand の後ろが間接疑問文。

　　(2)〈SVOO〉の 2 つ目の O に〈that＋主語＋動詞〜〉がきている。

4 〈that＋主語＋動詞〜〉で「〜ということ」。that は省略できる。

POINT 〈be 動詞＋形容詞＋that 節〉では、glad（嬉しい）、sad（悲しい）、sorry（残念に思う）、sure（きっと〜だと思う）など感情や心理を表す形容詞を使う。

10 分 詞

→ 本冊 p.69

1 (1) boiled　(2) playing　(3) skiing

　　(4) seen

2 (1) sitting　(2) used　(3) broken

　　(4) spoken

3 (1) running across

　　(2) which[that] is read

4 (1) looking at the boy playing

　　(2) standing there will show you

　　(3) a teacher loved by many students

　　(4) shared in our group sounds

―――解 説―――

1 (1) boiled が egg を形容詞的に修飾し boiled egg「ゆで卵」となる。

　　(2)「弾いている」playing が man を修飾。

　　(3) go 〜ing で「〜しに行く」。

　　(4)「見られる」seen が islands を修飾。

2 (2) used car で「中古車」。「彼が昨日買った車は中古車でした。」

　　(3)過去分詞 broken が形容詞の働きをしている。「割れた窓に気をつけてください。」

　　(4)「ペルーで話されている言語を知っていますか。」

3 (1)進行形は現在分詞を使って書きかえられる。「通りを走って横切っている犬を見てください。」

　　(2)過去分詞は受け身を使って書きかえられる。「これは最近、多くの若い人たちに読まれている本です。」

4 (1)「私はむこうでサッカーをしている少年を見ています。」

　　(2)「そこに立っている巡査がどちらに行けば良いかを教えてくれますよ。」

　　(3)「彼女は多くの生徒に愛されている教師です。」

　　(4)「私たちのグループで共有されたアイデアはすばらしいと思います。」

POINT 分詞と修飾される語の関係に注目する。「〜している」か「〜される」かで、現在分詞と過去分詞を見分ける。

11 関係代名詞

→ 本冊 p.70

1 (1) who　(2) which　(3) that

2 (1) is the *kimono* my grandmother bought

(2) a woman who can run

(3) the curry he makes

(4) who is loved by many people came

(5) things that we can feel

3 (1) have ever heard

(2) who are interested

⎯⎯⎯ 解説 ⎯⎯⎯

1 (1)「私には英語をとても上手に話す友達がいます。」先行詞は〈人〉、主格の関係代名詞。

(2)「トムはこの町で人気のあるたくさんの良いレストランを知っています。」先行詞は〈もの〉、主格の関係代名詞。

(3)「これは兄が私にくれたカメラです。」先行詞は〈もの〉、目的格の関係代名詞。

2 (1) the *kimono* が先行詞、my grandmother bought が修飾。関係代名詞は目的格なので省略されている。

(2) a woman が先行詞。主格の関係代名詞。

(4) The soccer player が先行詞。主格の関係代名詞 who 以下 is loved by many people が修飾。ここまでが英文全体の主語になっている。

(5) many things が先行詞、目的格の関係代名詞 that 以下 we can feel が修飾。

3 (1)「最も驚くべき知らせ」the most surprising news が先行詞となり、「今まで聞いた中で」I have ever heard が修飾。修飾部分は経験用法の現在完了。

(2)「学生」students が先行詞、「ファッションに興味のある」が修飾。主格の関係代名詞の後ろの動詞は、先行詞に合わせる。

POINT 〈関係代名詞＋動詞〉は**主格**、〈関係代名詞＋主語＋動詞〉は**目的格**、で見分けることができる。

12 仮定法

→ 本冊 p.71

1 (1) had, could　(2) were, wouldn't

(3) wish　(4) had, what would

2 (1) felt fine, could　(2) he were

3 (1) wish I lived in Hyogo

(2) I were good at math

(3) wish I could play the guitar as well

4 (1) If it were sunny[fine] today, we could play soccer.

(2) I wish I could have[keep] a dog.

⎯⎯⎯ 解説 ⎯⎯⎯

1 (1)〈If＋主語＋動詞の過去形～，主語＋助動詞の過去形＋動詞の原形～.〉で表す。現在の事実と異なる願望を表す。

(2)〈If＋主語＋were～,〉の形で表す。後半は助動詞 will の過去形 would を使った否定文になっている。

(3)〈I wish＋主語＋助動詞の過去形＋動詞の原形～.〉で表す。現実と異なる願望を表す。

(4)後半は would を使った疑問文になっている。

2 (1)「妹が元気がないので私たちは動物園に行けません。」→「もし妹が元気ならば、動物園に行けるのに。」

(2)「彼が私の先生ではなくて残念です。」→「彼が私の先生だったらいいのに。」

3 (1)「兵庫に住んでいるのならいいのに。」(実際には住んでいない)

(2)「もし私が数学が得意だったら、あなたに数学を教えてあげられるのに。」

(3)「兄と同じくらい上手にギターが弾けたらいいのに。」(実際には上手ではない)

4 (1)実際には雨が降っている。If を使って表す。

(2)実際には飼うことができない。〈I wish＋主語＋助動詞の過去形＋動詞の原形～.〉で表現できる。

POINT 仮定法の文における be 動詞は主語に関係なく were を使うことが多い。

高校入試模擬テスト

→ 本冊 p.72〜74

1 (1)例 I like apples (very much).

(2)例 I studied math (last night).

2 ウ

3 ① look so ② mistook, last

③ for, advice

4 (1)ウ (2)イ (3)ア (4)ウ (5)イ

(6)エ

5 (①)6 (②)11

6 (1)エ (2)two fresh apples (3)ウ

(4)ウ

（ 解説 ）

1 (1)「何の果物が好きですか。」と聞かれているので、「私は〜が好きです。」と果物の名前を入れて答える。好きな果物の種類を答えるときには複数形にする。

(2)「昨晩は何の教科を勉強しましたか。」と聞かれているので、科目名を入れて答える。動詞は study の過去形 studied で答える。

2 前後の英文を読んで適切なものを選ぶ。空欄の前では「彼（マイク）は音楽が好き」、後ろでは「明日は私たちがパーティーで歌う日本語の歌について話をしましょう。」とあるので、ア、イ、エは内容に合わない。

3 ①１つ目の賢人のセリフ「ああ、どうしたらいいかわからないよ。」から、賢人は nervous「不安な」ように見える、という予想ができる。「〜に見える」は look 〜を使う。

②ナンシーの２つ目のセリフ「昨日はテストの準備をしたんだよね？」に対して No.「いいえ。」と賢人が答えていることから、賢人は数学のテスト勉強をしなかったことがわかる。また、賢人は So I studied English, not math.「だから僕は数学ではなく英語を勉強したんだ。」と答えているので、翌日のテストが数学ではなく英語だと間違えていたことがわかる。mistake A for B で「A を B と間違える」。mistake の過去形は mistook となる。

③直前にナンシーが You should forget the past, and do your best for tomorrow.「あなたは過去のことは忘れて、明日のために全力を尽くすべきだよ。」と伝えていることから、賢人が何について感謝しているのかを考える。

4 (1) like 〜ing「〜することが好きだ」。動名詞を選ぶ。

(2)前文の Do you like 〜? の質問に対して自分で答えている。

(3)「この物語は時間を旅する少女についてのものです。」なので about が適切。

(4) solve「解決する」という動詞の目的語の位置にあるので、目的格の them を選ぶ。

(5)後ろには「音楽もワクワクする」とあるので、ポジティブな表現の fantastic が自然。

(6)〈If＋主語＋動詞の過去形〜，主語＋助動詞の過去形（ここでは would）＋動詞の原形〜.〉の仮定法過去。後半が疑問文になっている。

5 (①)表から、バスで来ているのは、3＋1＋2＝6 人とわかる。

(②)表から、通学に 20 分以上かかっている生徒は 4＋3＋1＋1＋2＝11 人とわかる。

6 (1)空欄の前に interested がある。become interested in 〜で「〜に興味を持つようになる」。

(2)直前の ate は eat「食べる」の過去形。them は直前の英文内の語句を指している。

(3) On that day は自動販売機でリンゴを買ってホストファミリーと食べた日のことなので、過去形が適切。

(4)第２段落８文目の I found many good points about them. 以下に、自動販売機の良い点が書かれており、When it is dark 〜以下がウの内容と合う。アは、最古の自動販売機はエジプトの寺院の前で使われていたという本文の記述と合わないので誤り。イは、「私はそれを見て驚いた」という本文の記述と合わないので誤り。エは、災害が起きても動き続ける自動販売機もあり、人々は飲料など必要なものを自動販売機から手に入れることができる、という本文の記述と合わないので誤り。

2 来週の木曜日はマイクの誕生日です。パーティーを開くのがよいと思います。彼は音楽が好きなので、マイクのためにあなたたちと一緒に日本語の歌を歌いたいと思います。明日は私たちがパーティーで歌う日本語の歌について話をしましょう。午後4時に音楽室に来てください。

3 賢人：ああ、なんてことだ。どうしたらいいかわからないよ。

ナンシー：賢人、あなたはとても不安なように見えるね。

賢人：そうなんだ、ナンシー、数学のテストがとても難しかったんだ。僕は自分にがっかりしているよ。

ナンシー：昨日はテストの準備をしたんだよね？

賢人：いいや。僕は昨夜、数学を英語と間違えた。だから僕は数学ではなく英語を勉強したんだ。

ナンシー：なるほど。あなたは過去のことは忘れて、明日のために全力を尽くすべきだよ。

賢人：アドバイスしてくれてありがとう。

4 みなさん、こんにちは。あなたは映画を見ることが好きですか。私ですか。私は好きです。私はお気に入りの映画を紹介します。それは「すばらしい少女の旅」です。物語は時間を越えて旅する少女についてのものです。いくつか問題が起きますが、彼女はそれらを解決できます。物語はすばらしく、音楽もワクワクするものです。映画はずっと前に作られましたが、今でもとても人気があります。偉大な映画です。あなたがもしその少女なら、どうしますか。

5 ジャック：10人より多くの生徒が自転車で通学しますが、バスで来るのは6人だけです。

陽太：私は徒歩で通学します。15分かかります。

ジャック：なるほど。通学に15分より長くかかる生徒もいますね。

陽太：このクラスでは、11人の生徒が通学に20分以上かかり、そのうち3人は30分以上かかります。

6 みなさん、こんにちは。今日は、私は自動販売機についてお話しします。日本にはたくさんの自動販売機があります。私はそれらに興味を持つようになりました。世界では人々はいつ自動販売機を最初に使ったのでしょうか。最も古い自動販売機は約2200年前に使われました。エジプトの寺院の前で、人々はその機械から水を買うことができました。人々はそんな昔から機械を作って使っていたのです！

先週、私は駅でおもしろい自動販売機を見ました。それは新鮮な果物を売る自動販売機でした。私はそれを見て驚きました。私は新鮮なリンゴを2つ買って家でホストファミリーと一緒に食べました。それらはおいしかったです。私は自動販売機で新鮮な果物が買えるとは想像もしませんでした。その日、私は日本の自動販売機についてホストファミリーに質問しました。私は自動販売機にはたくさんの良い点があることがわかりました。夜に暗いときは、自動販売機が明かりの役割をすることもあります。暗い場所で人々が安心するのに役立つことができます。地震などの災害が起きたときに動き続ける自動販売機もあります。人々は、例えば飲料など必要なものを自動販売機から手に入れることができます。

私は、自動販売機は多くの面で人々の役に立っていると思います。ご静聴ありがとうございました。

国語

1 漢字・語句

本冊 p.87

1 イ
2 イ
3 エ
4 ア
5 縮小
6 ア、エ、オ〔順不同〕
7 ウ
8 エ
9 ウ

解説

1 「質問ジコウ」は「質問事項」と書く。
2 「統」は楷書で書くと十二画。**イ**「喪」も十二画。**ア**「傑」は十三画、**ウ**「粛」は十一画、**エ**「塾」は十四画。
3 「増加」と**エ**「豊富」は、どちらも似ている意味の字を重ねたもの。**ア**「未定」は否定の語が上についているもの、**イ**「前後」は反対の意味の字を重ねたもの、**ウ**「着席」は上の字が動作、下の字が目的や対象のもの。
4 ア以外は対義語の組み合わせ。
5 「拡大」は広げて大きくすること。対義語は、縮めて小さくするという意味の「縮小」。
6 **イ**「馬の耳に念仏」はいくら意見を言っても効き目がないこと。**ウ**「鬼の目にも涙」はひどい人でも情け深くなることがあるということ。
7 「隅に置けない」は思ったより力があり、油断できないという意味。
8 「舌」を使った慣用句には、ほかに「舌を出す」「舌を巻く」などもある。
9 「覆水盆に返らず」は、お盆からこぼれた水はもとの入れ物には戻せないということからできた故事成語。

POINT ことわざ・慣用句・故事成語には似た意味を持つものがあるのでチェックしておく。

2 文 法

本冊 p.86

1 エ
2 イ
3 ア
4 連体（形）
5 エ
6 ア
7 いただいた（頂戴した）

解説

1 「休日に／図書館で／本を／借りる。」で文節は四つ。**エ**「風が／入るように／窓を／開ける。」も四つ。**ア**「虫の／音に／秋の／気配を／感じる。」は五つ。**イ**「こまやかな／配慮に／感謝する。」は三つ。**ウ**「あの／山の／向こうに／海が／ある。」は五つ。
2 「見つめています」と**イ**の「いつまでも追い続ける」は、どちらも述部。**ア**の「桜の花が」は主部、**ウ**の「見つめた先に」は修飾部、**エ**の「やってみると」は接続部。
3 「ついに」と**ア**「はっきり」は副詞。**イ**「明るく」は形容詞、**ウ**「きれいに」は形容動詞、**エ**「大きな」は連体詞。
4 「正しい認識」の「正しい」は、形容詞「正しい」の連体形。
5 「友人の誕生日」と**エ**「私の趣味」の「の」は連体修飾語をつくる格助詞。**ア**は連体詞「この」の一部、**イ**は体言の代用となる格助詞、**ウ**は主語を表す格助詞。
6 「雨が降りそうだ」と**ア**「達成できそうだ」の「そうだ」は様態の助動詞。**イ・ウ・エ**の「そうだ」はいずれも用言・助動詞の終止形についており、伝聞の助動詞。
7 「先生からもらった」の「もらった」は、**動作の対象が自分にとって目上の存在である先生**であることから、謙譲語の動詞「いただく」の過去形「いただいた」に直す。

POINT 文節は、「自立語一つ」か「自立語＋付属語」からなることを覚えておこう。

社会
数学
理科
英語
国語

41

3 説明的文章の読解 ①

→ 本冊 p.85

1 (1) A…ことば　B…美しい

(2) 意図する指

―――― **解説** ――――

1 (1) A については、空欄のあとに「のかわりに」（くうらん）と続くことから、名詞が入ることが推測できる。また、二番目の段落に「要するに警官は、ことばで『止れ』とか『行け』と言うかわりに、笛の音を使っているに過ぎず」とある。これらを踏まえて考えると、三字の「ことば」があてはまる。B については、空欄のあとに「音色」という名詞が続くことから、どのような音色かを説明する言葉が入ることが推測できる。また、最後の段落に「演奏家は美しい、個性的で創造的な音（色）を出すために、必死に音の出し方を工夫しているのである」とある。これらを踏まえて考えると、三字の「美しい」があてはまる。なお、四番目の段落などにある「美しく」も三字の言葉ではあるが、B に入れると前後とうまくつながらないため、あてはまらない。

(2) ――線部②「伝達効率が高く」は、警官が「ことばで『止れ』とか『行け』と言うかわりに、笛の音を使っている」ことについて述べたものである。警官の笛について具体的に説明しているのは、「これに対し警官の吹く笛の音は」から始まる六番目の段落である。この段落の中から、「伝達効率が高いとはどういうことかを表している部分」を「二十二字」ということに着目して探すと、「意図する指示が、簡潔にそして明確に伝わること」があてはまることがわかる。したがって、ここから最初の五字である「意図する指」を答える。

POINT 空欄に入る言葉を探す問題では、空欄の前後にも着目する。あてはまる言葉を実際に入れた場合に、前後の言葉とうまくつながるかどうかを確かめることがポイント。

4 説明的文章の読解 ②

→ 本冊 p.84

1 (1) 例 欲望が膨らんで現実の自分の能力をはるかに超えた（状態。）

(2) **ア**

―――― **解説** ――――

1 (1) 筆者はジャン＝ジャック・ルソーの『エミール』をもとに、人間の「欲望（したい）と能力（できる）のバランス」について論じている。
――線部①「欲望と能力とのあいだの不均衡」については、「人間には欲望がありますが」から始まる段落で詳しく説明していることを押（お）さえる。「その欲望は、未来への想像と期待によってどんどん膨らんでいきます」「現実の自分の能力をはるかに超えていると、欲望と現実とのズレに苦しむことになります」という内容に着目し、「状態。」につながるように「二十五字以内」という**指定字数にしたがってまとめる**。

(2) ――線部②の直後の「たとえば」から始まる段落に着目する。「高いとび箱を上手に跳べる」お兄ちゃんに対し、「『ぼくも高いとび箱を跳びたいな』と思い、挑戦を続け」て、「あるとき高い段が跳べた」という例が紹介されている。この例は、能力を拡大したいという欲望のもと、上手にできる人から学び、自分の能力を高めるということを具体的に説明している。**ア～エ**の選択肢の中でこの例にあてはまるのは、**ア**の「優れた演奏を聴いて、自分の演奏技術を高めようとする」である。ほかの選択肢の内容は、自分の今の能力を超えたものを対象にはしていない。

POINT 説明的文章の読解では、文章の話題が何かをつかむことが大切になる。この文章の話題は、人間の「欲望（したい）と能力（できる）のバランス」についてである。繰り返し出てくる言葉などをヒントにしながら、話題が何かを明確にしていこう。

5 文学的文章の読解 ①

→ 本冊 p.83

1 (1) **ウ**

(2) 例 自分の居場所がなくなる心細さ

解説

1 (1) 本文中の**空欄のあとに書かれている内容に着目する**。華は生徒会に対し、「選んでくださった人たちの意思を尊重しなければならないのに、実際は……いくらがんばっても、部活動の予算のことで恨まれたり、ささいな不手際を責められたりもする」と不満を持っていることがわかる。選んでくれた人たちの意思を尊重しなければならないのに、実際にはそれができないという状況であることから、**ウ**の「矛盾」が適切である。なお「矛盾」は、「つじつまが合わないこと」という意味の故事成語である。

(2) 華は生徒会に対して不満を持ち、「やめて正解だ」と思いこもうとしている。しかし一方で、「これからは『帰宅部』になってしまうんだろうなあ」「なんだか居場所がない感じがする。こんなに心細いのは、泣き虫だった小学校低学年の頃以来かもしれない」と感じてもいる。だから、聞こえてきた小さい子の泣き声を「心象風景ってやつだろうか」と感じたのである。「心象風景」とは、自分が見たり聞いたり経験したりしたことがもとになって、心の中にイメージとして現れる情景のことである。聞こえてきた小さい子の泣き声に対して華がそのように思った理由を、「居場所がない」という言葉に着目し、空欄の前後につながる表現となるように十五字以内にまとめて書く。

> **POINT** 文学的文章では、気持ちを表す言葉が直接的に用いられていない場合もある。その場合は、登場人物の言葉や行動、場面の様子、情景描写などから気持ちを読み取るようにする。そうすることで、気持ちの変化なども押さえることができる。

6 文学的文章の読解 ②

→ 本冊 p.82

1 (1) **エ**

(2) 例 釣った魚を食べることをかわいそうと思ったのに、食べるとおいしく、祖父たちはもう一匹食べられていいなとまで思ったこと。

解説

1 (1) ――線部①に「いっそう悲しくなった」とあることから、「私」はその前から悲しい気持ちだったことがわかる。そして「いっそう悲しくなった」理由は、――線部①の前半にある妹の行動である。すでに抱いていた「私」の悲しい気持ちは、「釣った魚を食べる」ことについて魚に対して自分が抱いていた思いであり、「いっそう悲しくなった」理由は、魚の天ぷらをばりばりたいらげる妹の様子である。したがって、**エ**が適切である。**ア・イ・ウ**は、いずれも「私」がいっそう悲しくなった理由として適切ではない。

(2) 「現金な」とは、「自分の都合や利害によって、態度や考えを簡単に変えるさま」という意味。直前の文のまとまりに、「私」が魚の天ぷらを食べると「驚くほどおいし」くて、「おじいちゃんたちはもう一匹食べられていいな」と思ったとある。ここでは釣った魚を食べることを「かわいそう」と思っていた「私」が、もう一匹食べられることをうらやましく思うまでになっており、そのことが「いまなら、『現金な』という形容がふさわしいとわかる」と述べているのである。この内容を**「具体的に」「本文中の言葉を用いて」という条件に合わせてまとめる。**

> **POINT** 「本文中の言葉を用いて」答える場合は、本文中の言葉をそのまますべて抜き出すのではなく、本文中に書かれている言葉を用いながら答えをまとめるようにする。

1 (1) **イ**

(2) 例 年代が上のほうが高い

(3) **イ**

> **解説**

1 (1)《資料Ⅰ》の中で、年代が上がるにつれて「情報源として重要だ」と回答した人の割合が増えているのは、10代が28.9%、20代が32.2%、30代が34.0%、40代が54.0%、50代が70.1%、60代が80.0%の**イ**の新聞のみ。**ア**のテレビは10代から20代で、**ウ**のインターネットは20代から30代以降で、**エ**の雑誌は20代から30代でそれぞれ割合が下がっており、あてはまらない。

(2)《資料Ⅰ》を見ると、情報源としての雑誌の重要度は、10代は7.7%、20代から40代は10%台、50代から60代は20%台と、年代が上のほうが高いことがわかる。

(3)《資料Ⅰ》からは情報源としてのインターネットの重要度が、10代から40代までが80%以上、50代が70%以上、60代でも50%近くあることが読み取れ、ほとんどの年代から情報源として重要だと考えられていることがわかる。一方、《資料Ⅱ》からはインターネットの信頼度は全年代で32.4%と、テレビや新聞の信頼度よりも低いことがわかる。したがって、正解は**イ**。**ア**は、「ほとんどの年代から情報源として重要ではないと考えられていて」の部分が適切ではない。**ウ・エ**は、「若い年代からだけに情報源として重要だと考えられている」の部分が適切ではない。また、世代ごとのインターネットの信頼度の高さは、《資料Ⅱ》からはわからない。

> **POINT** グラフや表などの問題では、項目ごとの数値の違いや数値の変化に注目して、どんなことが読み取れるかを考えることが重要になる。

1 問い **ウ**

2 **イ**

> **解説**

1 問い 「未明」は、まだ夜が明けきらない夜明け前のこと。詩の第一連にある「夢の奥から蹄の音が駆けよってくる」を踏まえて考えると、ここでの「未明」は、まだ物事が起こっておらず、これから何かが起こることのたとえと推測できる。また、第四連に着目すると、これから起こるであろうことが、「太陽のように金色の翼を生やしている」と表現されている。太陽のように輝く金色の翼が、明るい希望や期待にあふれているさまを表していることを読み取る。これらの内容から、**ウ**が適切である。**ア・エ**は、すでに物事が起こったあとの感情を表しているため適切ではない。**イ**は、「時間がない」かどうかは詩からは読み取れない。また、第二・三連の内容は、これから起こるであろうことがすぐそばまで迫っているさまを表しており、「早朝」に対する「焦りともどかしさ」ということではない。

2 「轟く」は大きな音が鳴り響くことで、「はなやかに轟くごとき夕焼」という表現から、夕焼けの美しさという視覚的な現象を聴覚的にとらえていることを読み取る。また、「夕焼はしばらくすれば遠くなりたり」と、空の色が時間の経過とともに色あせていく様子を作者からの視点で描いている。これらの内容を踏まえると、**イ**が適切である。**ア**は「静かな喜びを鮮明に描いている」、**ウ**は「あっけなく夜が訪れたことへの孤独を暗示」、**エ**は「激しい音が響く中で」「闇に包まれたあとの静けさと対比」が、それぞれ適切ではない。

> **POINT** 詩の主な表現技法には、倒置・比喩(直喩・隠喩・擬人法)・反復・体言止め・対句などがあり、短歌特有の表現技法には、枕詞などがある。また、倒置・比喩・反復・体言止めなどは、詩同様に短歌でも用いられる。

9 古典の読解 ①

→ 本冊 p.79

1 (1) A…桃　B…巣

(2) いられたり

(3) **ウ**

(4) 柳

(5) **エ**

解説

1 (1)――線部①の直前の一文に着目すると、「その鳥その巣をはこびて、むかひの桃の木に作りてけり」とある。このことが人々が不思議がっていたことである。

(2) 歴史的仮名遣いの「ゐ」を「い」に直す。

(3) 使者から命令書が届いたので、すぐ屋敷に向かい、「どの柳の木でも取りはからって掘って（関白殿に）差し上げろ」ということを言ったのは二品である。

(4) 「二本」とは、二品の庭にあった三本の柳の木のうちの二本である。

(5) 烏が柳の木にあった巣を桃の木に移したのは、巣を作っていた柳の木が掘り起こされるのを前から悟っていたからだったのである。

> **POINT** 歴史的仮名遣いを現代仮名遣いに直すとき、「ゐ」→「い」、「ゑ」→「え」、「を」→「お」と直す。

現代語訳

1 （烏は）どう思ったのだろうか。その烏は（柳の木にあった）巣を運んで、向かいの桃の木に（巣を）作った。人々が不思議がっていたところ、二日ほどたって関白殿が柳を献上するように命じられた。（二品は）その時別の場所に出かけておられた頃だったので、使者が命令書を（二品に）届けたところ、すぐに（屋敷に）向かい、どの柳の木でも取りはからって掘って（関白殿に）差し上げろとのことを言ったので、使者が二品の屋敷に向かい、（三本の）柳のうちの二本を掘って（関白殿に）差し上げるうちに、烏が巣を作っていた柳を主として掘ってしまった。烏はこのことを前から悟っていたのだろう。

10 古典の読解 ②

→ 本冊 p.78

1 (1) **ウ**

(2) **ア**

(3) A…例 岸のほとり

B…例 水の深さにも勝る

解説

1 (1) 一行（一句）が七字であるため七言、四行の詩であるため絶句である。したがって、**ウ**の七言絶句が正解。四行の詩の絶句と八行の詩の律詩の違いに注意すること。

(2) 「及ばず汪倫我を送るの情に」と読むことに着目すると、「不」と「送」のあとに返り点をつけることが正しいとわかる。したがって、**ア**が正解。

(3) A は、「岸上踏歌の声」に着目する。舟に乗って、今まさに出発しようとしていた李白は、岸のほとりで汪倫が村人たちと一緒に別れを惜しんで歌う姿を見たのである。したがって、汪倫が歌っている場所が入るので、「岸のほとり」が適切である。 B は、「桃花潭水深さ千尺／及ばず汪倫我を送るの情に」に着目する。李白は汪倫の友情の深さを、村を流れる桃花潭の水の深さにも勝るものだと感謝しているのである。したがって、「水の深さにも勝る」などが入る。

> **POINT** 漢詩の絶句は四行からなり、一行が五字の五言絶句と一行が七字の七言絶句がある。また、律詩は八行からなる。

現代語訳

1 李白は、舟に乗って今まさに出発しようとした。（そのとき、李白は）岸のはとりで足を踏み鳴らし、拍子をとって歌う声をふと聞いた。（汪倫の住む村を流れる）桃花潭の水の深さはとても深い（というけれど）、汪倫が私（＝李白）を見送る友情（の深さ）には及ばない。

高校入試模擬テスト

→ 本冊 p.77〜75

1 (1) **イ**

(2) A…勝てない場所

　B…例 できるだけ競争しなくても生き
　　られる

(3) **エ**

2 (1) あやしゅう

(2) **ア**

(3) 例 (氷魚が)短時間の内に、思いのほ
　か少なくなっていたから。

3 **イ**

4 **エ**

5 (動詞)感じ　(活用形)未然(形)

6 **ウ**

――――(解 説)――――

1 (1)空欄の前後のつながりから、あてはまるもの
を選ぶ。 a は前の文に「他の魚たちのいな
い川という環境に逃げ延びました」とあり、
あとに「他の魚たちが川にいなかったのには
理由があります」と前の文を受けて、理由を
説明しているので「もちろん」があてはまる。
b は前に「しかし」とあり、あとに「勇気あ
るヒーローではありません」とあるので、
「けっして」があてはまる。

(2) A は二番目の段落に「たくさんのチャレン
ジをしていけば、たくさんの勝てない場所が
見つかります」とあり、ここから「勝てない場
所」を抜き出す。なお、四番目の段落の始め
に「苦手なところ」という六字の言葉があるが、
A にあてはめて考えると、直前の「各々の
生物たちが戦って」という内容とはつながら
ないため適切ではない。 B は ――線部の
直後に「『できるだけ戦わない』という境地と地
位にたどりついた」とあるので、この内容を空
欄にあてはまるように指定字数内でまとめる。

(3)七番目の段落に「劇的な変化は、常に敗者に
よってもたらされてきました」とある。草丈

が低い植物D(＝弱者)が、「踏まれても耐え
られる葉や茎を持つように」なった(＝劇的な
変化)という**エ**があてはまる。

2 (1)――線部「あやしう」の「しう(siu)」はｉの母
音のあとにｕの母音が続くので、「しゅう
(syuu)」と直す。

(2)ある僧が人のもとを訪ねて行き、その家のあ
るじが僧に対して酒などを勧めているという
内容である。したがって、主語は**ア**の「ある
じ」である。

(3)あるじが「いかに」(＝変だな)と思った理由は、
直前の「この氷魚の殊の外に少なくなりたり
ければ」からわかる。用事があって奥に入り、
また戻ってきたあるじは、短い時間に氷魚が
思いのほか少なくなっていたので、「変だな」
と思ったのである。この理由を「氷魚が」に続
く形で「二十字以上二十五字以内」という指定
字数内でまとめる。

> **POINT** 歴史的仮名遣いを現代仮名遣いに直す場合、
> ａ・ｉ・ｅの母音にｕの母音が続くときは、「ou・
> yuu・you」と直す。
> 例
> やうす(様子)→ようす(yausu → yousu)
> うつくしう(美しう)
> 　　　　　→うつくしゅう(utukusiu → utukusyuu)
> ひつえう(必要)→ひつよう(hitueu → hituyou)

> **POINT** 古文では、主語以外にも「が」「を」「に」など
> の助詞も省略されることが多い。登場人物の関係性
> や場面などを押さえながら、省略されている言葉を
> 補って考えよう。

3 **ア〜エ**は、いずれも松尾芭蕉の「おくのほそ道」
の俳句。**ア**の季語は「夏草」で、季節は夏。**イ**の
季語は「天河」で、季節は秋。**ウ**の季語は「五月
雨」で、季節は夏。**エ**の季語は「蝉」で、季節は夏。
ア・ウ・エの季節は夏で、**イ**だけが季節が秋で
ある。したがって、季節がほかと異なるのは**イ**。
俳句で用いる「天河」については、夏ではなく秋
の季語であるので注意する。

> **POINT** 俳句の季語は旧暦で分類されるため、現代
> の季節感と異なる場合が多いので注意する。

● 主な季語

春(旧暦1〜3月)
のどか・燕・春雨(はるさめ)・彼岸(ひがん)・山吹(やまぶき)・雪解け・行く春・若草

夏(旧暦4〜6月)
雨蛙(あまがえる)・雷(かみなり)・五月雨・蝉・田植え・梅雨(つゆ)・夕立

秋(旧暦7〜9月)
天河・柿(かき)・啄木鳥(きつつき)・七夕・月見・蜻蛉(とんぼ)・名月・紅葉(もみじ)・渡り鳥(わた)

冬(旧暦10〜12月)
大晦日(おおみそか)・風邪(かぜ)・小春・節分・大根・初雪・河豚(ふぐ)・蜜柑(みかん)・餅(もち)

4 ア「大器晩成」、イ「大願成就」、ウ「大義名分」、エ「泰然自若」で、ほかと異なるのはエ。いずれもよく出てくるので、意味とあわせて覚えておこう。

5 「感じられなかった」の「感じ」は、上一段活用動詞「感じる」の未然形。あとに、未然形に接続する助動詞「られる」の未然形「られ」があることに着目する。なお、ここでの「怒り」は動詞ではなく、名詞であるので注意する。

6 「見えない」とウ「笑わない」は、どちらも「ぬ」に置きかえることができるので、打ち消しの助動詞「ない」であることがわかる。ア「切ない」は形容詞「切ない」の一部。イ「寒くない」は「ない」の前に「は」を補うことができるため、補助(形式)形容詞。エ「建物がない」は「ある・ない」の「ない」なので、形容詞。

(現代語訳)

2 これも今はもう昔のことだが、ある僧が、人の家を訪れた。(訪れた家の主人が僧に対して)酒などを勧め、氷魚が初物として出回り始めたので、その主人は珍しく思って、(僧を氷魚で)もてなした。主人は用事があり、奥に入り、再び(僧の前に)出て来て見ると、この氷魚が思いのほか少なくなっていたので、主人は、変だなとは思ったが、口に出して言うべきことでもなかったので、雑談をしているうちに、この僧の鼻から氷魚が一匹不意に出てきたので、主人は不思議に思い、「あなたの鼻から氷魚が出てきたのは、どうしたことです」と言ったところ、(僧は)即座(そくざ)に、「このごろの氷魚は目や鼻から降ってくるものなのですよ」と言ったので、そこにいた人々はみんな、「わっ」と笑った。